AF295909

MEMOIRE SIGNIFIÉ,

POUR le Sieur NICOLAS ROÜILLON Bachelier de Sorbonne, Curé de la Paroiſſe de Saint Ayoul de Provins, & les Marguilliers & Habitans de ladite Paroiſſe, Demandeurs.

CONTRE les Sieurs Prieur Commandataire, Prieur Clauſtral, Tréſorier & Religieux du Prieuré de Saint Ayoul, Défendeurs.

DEPUIS que l'impoſſibilité de remonter à la ſource de la poſſeſſion des Religieux, a forcé de préſumer légitime, celle dont le vice ne ſeroit pas découvert, depuis que leurs uſurpations ſur les Egliſes Paroiſſiales ſont devenuës impénétrables, par l'obſcurité que le temps & leurs ſoins y ont répanduë, la Paroiſſe de S. Ayoul de Provins gémit ſous le joug des Benedictins qui ont commencé à la deſſervir dans le onziéme ſiecle. Le mal eſt ancien, mais la verité luit; le titre primitif éclipſé, ignoré pendant des ſiecles, a enfin vû le jour; il vient raprocher tous les temps, & diſſiper tous les nuages.

Thibault Comte de Champagne & Brie tira en 1048. des Benedictins de Moutiers-la-Celle, pour deſſervir l'Egliſe de Saint Ayoul, qu'il tenoit en Fief du Roy de France. La Chartre de Henry I. ne laiſſe aucun doute, ſur les conditions de l'établiſſement de ces Religieux: ſur la nature & la deſtination des Conceſſions de l'Archevêque de Sens, & des Donations du Comte Thibault.

Lorſque les Religieux ont été forcés par les Conciles, de ſe renfermer dans leurs Cloîtres, & d'abandonner la deſſerte des Cures, celle de Saint Ayoul a éprouvé le ſort commun à tant d'autres. Les Benedictins qui l'avoient deſſervie en ont retenu le patrimoine; ils y ont établi des Vicaires Amovibles, ſous le titre de Chapellains, de Fermiers. Ces Gagiſtes vendus aux Moines, leur ont prêté dans leur Chapitre tous les ſermens qu'ils en ont exigé. Ces Mercenaires ont compromis ſans connoiſſance & ſans ſcrupule, l'honneur & l'intérêt de la Cure; ils ont ſouffert l'aviliſſement de leur miniſtere, & de leur état, juſqu'à l'excès auquel il a plû à leurs tirans de le porter.

De là, cette poſſeſſion actuelle de la part des Religieux, de toutes les Dixmes ſans aucune exception, pas même des Novalles: poſſeſſion ſans exemple dans toutes les Paroiſſes du Royaume, ainſi que celle du droit d'ouverture de la terre, pour la ſépulture des défunts, du droit de ſonnerie, poſſeſſion de moitié des cires, des offrandes, des oblations, dont quelques Curés ont même reconnu, que la moitié ne leur étoit laiſſée que par grace.

De là, cette poſſeſſion de préféance dans toutes les Proceſſions de la Paroiſſe, pour le dernier de leurs Religieux ſur le Curé: préféance qui avillit le miniſtere, qui dégrade le Paſteur, qui afflige & ſcandaliſe le troupeau, ſans honorer des Religieux ſenſibles au véritable honneur de leur état.

Tels ſont les droits, que les Benedictins de Saint Ayoul reclament encore aujour-

A

d'hui contre les Paroiſſiens, contre le Curé, qu'ils ont réduit au ſeul caſuel de ſon Egliſe qu'ils ne lui laiſſent pas même entier.

Depuis que les Conciles ont affranchi les Curés, ou Vicaires du deſpotiſme Monachal, en les rendant perpetuels, ceux de Saint Ayoul ont connu leurs droits & leur devoir : ils ont ſenti la peſanteur du joug, & n'ont ceſſé de reclamer. Mais que peuvent les tentatives foibles & mal ſuivies de Curés qui manquent même du néceſſaire, & de Paroiſſiens pauvres & épuiſés, contre une Communauté de Religieux de l'Ordre de S. Benoiſt.

Le ſeul titre de Curés primitifs qu'ils prenoient hautement, ſans qu'il leur fut conteſté, joint à leur poſſeſſion dont l'origine étoit inconnuë, leur ont ſuffi pour obtenir la maintenuë, ſoit proviſoire, ſoit définitive, par différens Jugemens dont on ſe propoſe de rendre compte, lorſqu'il s'agira d'en déterminer le ſens & la valeur.

Enfin, la Déclaration du 5 Octobre 1726 a paruë, ce Réglement ſi conforme au vœu public, à l'eſprit univerſel de l'Egliſe, a reſtraint des Droits qui n'avoient plus de bornes, en fixant ceux des Curés primitifs, en reglant à quelles perſonnes ce titre pouvoit convenir, & à quelles conditions il pouvoit être préſumé légitimement acquis.

La Paroiſſe de Saint Ayoul qui, juſqu'alors, n'avoit vû prendre à ſes Adverſaires d'autre qualité, pour maintenir la légitimité de leur poſſeſſion, que celle de Curés primitifs, a invoqué contr'eux la diſpoſition de l'Ordonnance.

Le Curé a demandé une portion congruë pour lui, & pour un ou deux Vicaires. Réüni avec ſes Paroiſſiens, pour obtenir l'affranchiſſement de tant de ruineuſes & humiliantes ſervitudes, ils ont conclu à la libération de tous les droits d'ouverture de terre, de ſonnerie, de partage de cires, d'oblations, d'aſſiſtance, de preſcéance de la part des Religieux aux Proceſſions ; à la reſtitution de tout ce qui avoit été indûment perçû par les Religieux ſoi-diſant Curés primitifs, qui, dans cette qualité, ſeroient tenus de ſe conformer à la Déclaration.

Les Demandeurs ont crû ne pouvoir s'adreſſer qu'aux Juges ordinaires, auxquels par la Déclaration même, étoit privativement attribué la connoiſſance des conteſtations qui naîtroient à l'occaſion de ſon exécution. Mais cette attribution dérogatoire à tous priviléges particuliers & généraux de tous Ordres, n'a point empêché les Benedictins, de ſe pourvoir de leur côté au Grand-Conſeil.

On conçoit aiſément dans quelle involution de Procès, cette démarche méditée par les Religieux, pour achever la ruine des Demandeurs, étoit ſur le point de les jetter, ſi Sa Majeſté inſtruite & touchée de l'état auquel la Paroiſſe de Saint Ayoul eſt réduite, n'eut fait ſçavoir aux Parties, qu'elle entendoit prendre elle-même connoiſſance de cette affaire : à l'effet de quoi le Réſultat du Conſeil de Conſcience, du 26 Février 1728, leur enjoignoit de remettre inceſſamment à MM. les Commiſſaires nommés, les Titres & Mémoires de leurs prétentions, pour être fait droit ſur leur avis.

Les choſes en cet état, les Bénédictins ont abandonné leur qualité de Curés primitifs, ils ont avancé, qu'ils étoient propriétaires de tous les droits utiles & honorifiques qui font l'objet de la conteſtation, & ils ont réduit leur défenſe, à ſoutenir deux propoſitions également fauſſes.

La première *que les droits utils & honorifiques dont ils joüiſſent, leur appartiennent non pas comme Curés primitifs, mais comme propriétaires.*

La ſeconde *que leur droit de proprieté eſt une choſe jugée.*

Il eſt aiſé d'apercevoir l'enchaînement de ces deux propoſitions, dont les Religieux font dépendre la première de la ſeconde, de ſorte que, ſi leur proprieté étoit une choſe jugée, comme ils le prétendent, il n'y auroit plus à la diſcuter. Ce ſeroit ſurabondamment qu'ils produiroient des Titres ; ce ſeroit inutilement que les Demandeurs reclameroient ces titres mêmes des Religieux, pour prouver leur uſurpation, ce ſeroit en vain qu'ils l'y trouveroient écrite, puiſque le droit de proprieté prétendu par les Religieux ne dépendroit plus du mérite des titres, mais de l'autorité de la choſe jugée.

Auſſi les Bénédictins perſuadés que ces Titres ſeront inutils pour la déciſion de la queſtion, ſi leur ſeconde propoſition réüſſit, ont-ils grand ſoin d'y ramener ſans ceſſe, dans leur Mémoire ſignifié le onze Février 1734. L'on y voit, que pour colorer leurs Titres, & les inductions de proprieté qu'ils en tirent, ils font de temps à autres quelques courſes dans l'antiquité dont ils ſe joüent, dans l'Hiſtoire qu'ils alterent & dont ils abuſent ; mais on voit en même-temps, que leur objet principal n'eſt point de prouver, qu'ils ſont propriétaires en vertu de ces Titres : Mais ſeulement que leur proprieté eſt jugée ; toujours la choſe jugée vient clore leurs ſophiſmes, c'eſt leur réponſe chérie à toutes les objections ſans replique.

Les Demandeurs commenceront donc par détruire cette propofition des Religieux *que leur proprieté eft jugée*: après quoi il fera facile de démontrer, par leur Titres même, qu'ils n'ont jamais été proprietaires des droits conteftés.

Mais avant d'entrer dans la difcution de ces deux propofitions, quelques obferva-tions generales déveloperont la variation & les contrarietés, qui regnent depuis fi long-tempsdans les moyens & le fiftême des Religieux.

D'abord il eft certain, que depuis 1048, époque de leur introdu&ion à Saint Ayoul jufqu'en 1726, c'eft-à-dire pendant près de 700 ans, ils fe font dits Curés primitifs, c'eft un fait prouvé par les piéces,fans nombre,produites au Procès; cependant ils con-viennent aujourd'hui qu'ils ne l'étoient pas.

Quel aveu, après tant de fiécles! Eft-ce donc par erreur que des Religieux de l'Ordre de S. Benoift fe font trompés 700 ans fur un pareil fait? Eft-ce par fin-cerité qu'ils fe retra&ent aujourdhui? Leur intérét vouloit qu'ils fuffent Curés primi-tifs, avant la Déclaration de 1726, ils ont cru l'être jufqu'à ce tèmps; depuis cette Déclaration, leur intérêt a changé, & leurs yeux fe font ouverts; ils ont commencé à croire qu'ils ne l'étoient pas; une erreur fi prudente & fi longue, ne mérite-t-elle point un autre nom?

Supofons cependant par impoffible, que non feulement les premiers Religieux, ont été involontairement, dans une erreur fi peu croyable, mais que ceux d'aujourd'hui, qui étoient les mêmes en 1722, & qui fe difoient encore Curés Primitifs,* étoient auffi dans la même erreur; il faut convenir qu'ils y ont induit, non feulement les Curés & les Paroiffiens de S. Ayoul, mais encore la Juftice & le Public. C'eft en vertu de cette erreur fi longue, & fi vivement foutenuë, qu'ils ont reclamé & main-tenu tant de droits, extorqué tant de tranfa&ions & d'acquiefcemens, de la part des Curés foibles, mal inftruits, épuifés & accablés par de longs & ruineux procès; c'eft par-là qu'ils ont furpris au Baillage de Provins & ailleurs, tant de Jugemens provifoires; cette erreur a formé pendant des fiécles, la chaîne de leur poffeffion immémoriale: il ne falloit aux Demandeurs que le titre de 1048 pour la rompre; & ce titre, les Religieux le poffedoient feuls, & en grand fecret.

* *Vid.* Cotte D. Prod. princi-pale des De-mandeurs.

Sans doute cette erreur des Bénédi&ins n'a pû changer leur état, elle n'a pû les rendre Curés Primitifs, s'ils ne l'étoient pas: comme ils en conviennent, comme ils le foutiennent aujourdhui: elle prouve dumoins, qu'ils ne font pas d'accord avec eux-mêmes, qu'ils ont été, de leur propre aveu, 700 ans dans le faux, que leurs défenfes, leurs raifonnemens, leur poffeffion ont porté fur le faux.

Voilà donc une contrarieté manifefte entre leur ancien fyftême, qui a duré des fiécles entiers, pendant lefquels ils ont foutenu qu'ils poffedoient comme Curés Pri-mitifs, & ne pouvoient poffeder autrement;* & le nouveau fyftême par lequel ils prétendent poffeder, comme Proprietaires; & cette contrarieté devient un puiffant argument d'ufurpation & de fraude, lorfqu'on fait attention qu'elle arrive dans l'inf-tant précis, où l'intérêt des Religieux l'exige, lorfqu'on les voit changer en titres de proprieté, la plûpart des pieces produites, jufques là, pour prouverqu'ils étoient Curés Primitifs.

* *Vid.* Défen-fes fournies par les Relig-le 27 Novem-bre 1653, pro-duites par les Demandeurs, Cotte D. Pro-duc. princip.

Cette contrarieté n'eft pas la feule dans laquelle les Religieux foient tombés; ils ne font ni plus conféquents, ni mieux d'accord avec eux-mêmes, depuis qu'ils ont abandonné la qualité de Curés Primitifs, pour foutenir celle de Proprietaires.

On en trouve la preuve, dans leur Mémoire fignifié le 11 Février 1734, où ils fe font un Moyen du filence des Demandeurs, fur la Déclaration du 15 Janvier 1731.

Selon les Religieux, cette Déclaration de 1731, rend aux Curés Primitifs ce que la Déclaration du 5 O&obre 1726 leur avoit ôté; la feconde détruit la premiere. Quoique le Préambule de cette Déclaration de 1731 porte qu'elle, eft intervenuë pour expliquer & éclaircir celle de 1726, les Bénédi&ins ne s'en tiennent pas à ce motif déclaré, ils croient voir, & tâchent de montrer entre ces deux Déclarations, une contrarieté qui ne peut même fe fuppofer, & qui feroit inutile aux Religieux, quand elle feroit réelle.

En courant après cette chimere, ils oublient qu'ils ne font plus Curés Primitifs, qu'ils ne peuvent plus l'être, qu'ils en ont abdiqué la qualité, pour prendre celle de Proprietaires; ils la perdent de vûë cette nouvelle qualité de Proprietaires, à laquelle ils ne font pas accoutumés. Cet oubli feul leur fait faire des efforts auffi ridicules que déplacés, pour trouver de la contradi&ion, entre des Oracles qui n'en font pas fufceptibles, & pour perfuader qu'il y a du miftere dans le filence des Demandeurs, fur cette Déclaration de 1731.

Il faut donc apprendre aux Religieux, la raison de ce silence si souvent reproché, & tourné de leur part en tant de façons, pour essayer d'en tirer avantage.

Si les Démandeurs n'ont point parlé de cette Déclaration de 1731, dans leur Requête du 12 Janvier 1732, c'est pour ne point agiter des questions actuellement indifferentes aux deux Parties, parce qu'elles sont étrangeres à la contestation qui les divise : c'est parce qu'ils n'ont point perdu de vûë, la nouvelle qualité de Proprietaires prise par les Religieux, & qu'ils ont compris, qu'une Déclaration qui ne regardoit que les Curés Primitifs, & leurs droits, n'interessoit plus leurs Adversaires à compter du moment où ils avoient abandonné cette qualité, où ils en avoient pris une toute opposée.

En effet, si c'est comme Proprietaires que les Religieux joüissent de tous les droits contestés, & qu'ils doivent être maintenus, qu'importe qu'il soit ou non, survenu en 1731, une Déclaration qui ait rendu aux Curés Primitifs, tout ou partie de ce qu'une autre leur avoit ôté en 1726 ? Qu'importe qu'il y ait ou non, de la contrarieté entre ces deux Déclarations ? Encore une fois, ce sont autant de questions étrangeres.

Une Déclaration a reglé en 1726. les droits des Curés Primitifs; on a dit alors aux Religieux de S. Ayoul, qui étoient en possession de tous les droits utiles & honorifiques de la Paroisse, on leur a dit, suivez la Loy faite pour les Curés Primitifs, renoncez à tous les droits que vous possedez en cette qualité, & que cette Déclaration retranche, contentez-vous de ceux qu'elle accorde.

Les Religieux, pour ne rien perdre, ont répondu, nous ne sommes pas Curés Primitifs, à la vérité nous nous le sommes dits pendant 700 ans, mais c'étoit par erreur; nous sommes Proprietaires, & notre Proprieté est une chose jugée. Tel est le point de contestation actuelle, c'est cette Proprieté que les Demandeurs contestent, & qu'ils nient qui soit jugée. Tel est le procès qui dure entre les Parties depuis 1726; supposons donc qu'il soit survenu en 1731. une Déclaration qui rende aux Curés Primitifs tout, ou partie de ce que leur ôtoit la Déclaration de 1726, est-il rien de plus indiférent & de plus étranger à la contestation presente ?

Comment donc les Religieux ne l'ont-ils pas senti ? Pourquoi de leur part cette discution si fort étenduë, & si peu étudiée, des articles de la Déclaration de 1731? A quoi tendent les inductions qu'ils en voudroient tirer, sinon à prouver, qu'incertains de leur état, ils flottent entre deux qualités opposées ? Tout ce qu'ils ont usurpé sur la Fabrique, sur la Cure, ils le veulent conserver sans exception. Voilà leur objet; mais par quel moyen ? Ils l'ignorent, ils le cherchent encore, ce sera comme Proprietaires, ou comme Curés Primitifs alternativement, ou en même temps, s'il est possible, ils prendront la qualité qui y sera la plus propre, selon les circonstances & les temps; & pour cela, ils défendent aux deux qualités, sans s'en appercevoir, & sans sentir que c'est ne défendre à aucune.

C'est à quoi aboutit leur Moyen tiré de la Déclaration de 1731, & du silence des Demandeurs sur cette Déclaration; il sert à prouver que dans l'état actuel de la contestation, qui se réduit toute à la Proprieté vraie, ou fausse des Religieux, ils ne sont pas d'accord avec eux-mêmes; ils ne sont certains ni de leur qualité, ni de leur état; ce Moyen prouve, que, quoiqu'ils ayent pris depuis 1726. la qualité de Proprietaires, & qu'ils soient forcés de s'y tenir, ils n'y ont pas mis toute leur confiance, & qu'ils ne seroient pas fâchés, de se ménager un retour, vers celle de Curés Primitifs, dans le cas où elle deviendroit également, ou plus avantageuse; car voilà le mot, c'est toûjours le *quid utilius*, qui est le point de vûë des Religieux; en y raportant tout ce qui émane d'eux, on parvient à les pénétrer, & à les faire connoître; c'est toûjours le fil qu'il faut suivre, pour se développer de leurs labirinthes.

Voilà donc des contrarietés de tout genre également odieuses, & bien prouvées. Contrarieté entre l'ancien systême des Religieux, qui a duré 700. ans, & le nouveau, qui n'a commencé qu'avec la Déclaration de 1726; contrarieté qui consiste à soutenir successivement deux qualités incompatibles, à dépoüiller l'une, & prendre l'autre, précisement dans l'instant où l'interêt des Religieux vouloit, qu'ils fussent en contradiction avec eux-mêmes, ou qu'ils souffrissent le retranchement de la meilleure partie des droits usurpés.

Contrarieté dans le systême actuel, ou comme Proprietaires, rien de tout ce qui concerne les Curés Primitifs, ne doit plus interesser les Religieux, ne peut plus leur nuire, ni leur servir; & où cependant, ils essayent encore de se faire des Moyens, de la différence qu'ils supposent, entre deux Déclarations, qui ne regardent que les seuls Curés Primitifs.

II

5

Il refulte donc bien nettement, de ces Obfervations préliminaires, qu'il y a une contrarieté manifefte entre les deux fyftêmes, fucceffivement embraffés par les Réligieux, auffi-bien que dans le choix des Moyens, qu'ils ont employés pour foutenir ces fyftêmes oppofés.

PREMIERE PROPOSITION DES RELIGIEUX, *dont on démontre le faux.*

Venons maintenant aux deux Propofitions qu'il s'agit de combattre, en fuivant l'ordre, que le plan de défenfe des Réligieux rend néceffaire.

La Propriété de tous les Droits conteftés, a été jugée contradictoirement, en faveur des Religieux par différents Jugements, fingulierement par les Arrêts du Parlement du 12 May 1654, & du Grand Confeil des 16 Novembre 1667, & 2 Septembre 1678, fur le vû de leurs titres.

Tel eft le Moyen dominant des Religieux, que l'on fe propofe de détruire : c'eft ainfi qu'ils l'annoncent à chaque page de leur Mémoire.

Mais, avant de difcuter ce Moyen, & de démontrer le faux de la Propofition des Religieux, il faut établir deux vérités effentielles.

La premiere eft, que dans le nombre de ces droits utiles & honorifiques, dont les Religieux prétendent que la Propriété eft jugée; il en eft d'une nature bien incompatible, avec l'idée d'aucune efpece de Propriété. En effet, quoi de plus effrayant, & de plus inoüi dans le Monde Chrétien, que des Propriétaires du fond, & de la fuperficie d'un Temple, d'une Paroiffe, de l'ouverture de la terre, deftinée à la fépulture des défunts; des Propriétaires d'Oblations & d'Offrandes! Que l'on jette les yeux, fur les différens Chefs de Conclufions des Religieux, on trouve par-tout, qu'ils reclament à titre de Propriété, des droits purement fpirituels, dont le Pafteur lui-même, n'a la joüiffance, que comme une fuite & une rétribution de fon miniftere.

Quels nuages peuvent répandre fur cette premiere vérité, les palliatifs aufquels les Religieux ont recours, pour la faire perdre de vûe? Ils ont fervi l'Eglife, ils en ont mérité les honneurs & les biens, ils ont eu de grands Perfonnages, & de grands Saints, qui l'ignore? A quoi bon en fignifier aux Demandeurs le dénombrement? *En eft-il moins vrai, que la prétention d'une pareille Propriété eft inoüie?

Une feconde verité également importante, & dont les preuves font au Procès, c'eft que la Paroiffe de Sainte-Croix, eft un démembrement de celle de Saint Ayoul; c'eft une divifion du même Territoire, fur lequel les Religieux ont, par conféquent, les mêmes droits, qu'ils n'ont pas dû perdre fur l'une, ou, qu'ils ne doivent pas conferver fur l'autre; cependant, ils ont fuccombé contre le Curé de Sainte-Croix, dans les mêmes demandes, fondées fur les mêmes Titres actuellement produits. C'eft après les conteftations les plus vives, que des Arrefts contradictoires produits au Procès *, ont jugé que, ces mêmes Religieux de Saint Ayoul, repréfentés par le Prieur établi à Sainte-Croix lors de la partition du Territoire, & de l'érection de la Cure, payeroient une portion congruë au Curé de Sainte-Croix, qu'ils n'auroient ni oblations, ni offrandes, ni droits de préféance & de proceffion dans fa Paroiffe; en un mot, la fille eft libre, & la mere eft efclave; l'Eglife fuccurfale eft affranchie du joug Monachal, dans tous les points conteftés, & l'Eglife matrice gemit encore fous la tyrannie.

On fent, combien les Demandeurs ont intérêt, de raprocher de la propofition des Religieux, ces deux verités fi décifives : Une propriété de droits purement fpirituels, auffi odieufe qu'impoffible eft-elle, réellement jugée?

Une propriété profcrite & perduë fur la Paroiffe de Sainte-Croix, partie integrante d'un feul & même Territoire, avec la Paroiffe de Saint Ayoul, a-t-elle été jugée, confirmée fur cette Paroiffe de Saint Ayoul, & anéantie fur celle de Sainte-Croix? a-t-elle pû l'être? Deux Jugemens fi contraires, peuvent-ils exifter, &, s'ils exiftoient, pourroient-ils fe foutenir?

Sans doute, ces deux verités font de nature, à décider feules toute la queftion : elles font de nature, à mettre au moins en garde, contre les preuves de cette propriété jugée, à faire examiner, bien ferieufement, fi tant de chofes auffi impoffibles font vrayes: fi ce n'eft pas par le fophifme & par l'équivoque, que les Religieux effayent de les établir; &, pour confondre leurs Adverfaires, les Demandeurs n'ont befoin d'autre chofe, que d'une attention, qui tienne en garde contre l'équivoque, & le fophifme.

Avec ce prefervatif, venons à la propofition des Religieux.

La propriété eft une chofe jugée.

Pour prouver le contraire, il faut d'abord diftinguer, les différens Jugemens cités par les Religieux, feulement pour faire nombre, d'avec ceux qu'ils regardent com-

B

* Dernier Mémoire fignifié des Religieux du 11. Février 1734, fol. 7.

*Cotté E Production principale des Religieux.

* Cotté E.

me décisifs ; au moyen de quoi, en écartant toutes les Sentences provisoires du Bailliage de Provins, qui confirment seulement la possession des Religieux fondée sur la qualité de Curés primitifs, comme il est aisé de s'en convaincre par la seule inspection de tous ces Titres, produits de part & d'autre ; il ne reste plus à examiner que trois Arrests, sur lesquels les Religieux insistent, qui sont celui du Parlement du 12 May 1654, & ceux du Grand'Conseil de 1667 & 1678.

Contre ces Arrests les Demandeurs se sont pourvus par une Requête, dans laquelle ils ont établi un moyen invincible dans la forme.

Ce moyen est le concert dans l'Arrest du Parlement du 12 May 1654, d'où il résulte, que l'Eglise n'a point été défenduë ; & ce vice influë sur les Arrests du Grand'Conseil de 1667 & 1678 qui sont une suite de celui de 1654, avec lequel ils ont une connexité necessaire & démontrée ; connexité écrite dans les dispositifs, qui contiennent des dispositions conformes, & en exécution de l'Arrest de 1654, qui y est visé ; d'où il suit, que lors des Arrests de 1667 & 1678, l'Eglise a été non valablement défenduë.

Mais indépendament, & en supposant ici, ces trois Arrests aussi reguliers dans la forme, qu'ils y sont insoutenables, on a déja fait voir aux Religieux, qu'au fond, la question de leur proprieté n'a point été jugée, qu'elle n'a pû l'être par aucun de ces Arrests : il est aisé d'achever la démonstration à cet égard.

Elle roule sur deux argumens bien simples.

1°. Dans aucun de ces Arrests, nulle mention, nulle question de proprieté demandée ni contestée ; dans toutes les Procédures sur lesquelles ils sont intervenus, dans toutes les Requêtes qui y sont visées, c'est toujours la maintenuë en possession qui est articulée & demandée par les Religieux, se disant Curés primitifs, & comme tels en possession immemoriale : la preuve de ces faits dépend d'un coup d'œil, & de la seule inspection des Pieces produites.

Si ces faits sont certains, il s'ensuivra de deux choses l'une ; ou, que les Arrests ont jugé en faveur des Religieux *ultra petita*, ou, qu'ils n'ont pas prononcé, sur la proprieté, & sur la qualité de Proprietaires, qui n'étoient ni demandées ni contestées : il n'y aura jamais de bonne réponse à ce dileme.

2°. De ce que ces Arrests sont connexes, de ce que ceux du Grand'Conseil de 1667 & 1678 ont jugé conformement, & en exécution de celui de 1654, qui s'y trouve visé, naissent des conséquences, dont les Religieux ont senti tout le poids non seulement dans la forme, mais au fond ; aussi ont-ils toujours essayé d'écarter l'idée de connexité, & de la combattre, lors même que les Demandeurs l'établissoient, comme un fait certain, sans en tirer d'inductions.

Dans tous les temps, on a dit aux Religieux : toutes les Procedures sur lesquelles est intervenu l'Arrêt du Parlement, passé de concert en 1654 *, prouvent qu'alors vous vous disiez Curés primitifs, &, comme tels, non pas proprietaires, mais possesseurs du droit de Clocher & de sonnerie.

L'Arrest maintient dans la possession du droit, & en même temps, dans la qualité sur laquelle il étoit fondé & prétendu, puisqu'après avoir prononcé la maintenuë dans la possession, & joüissance expresse du droit, par une seconde disposition génerale, il maintient encore les Religieux, *dans les qualités, droits & prééminences, dont ils ont joüi par le passé, & en la maniere accoutumée.*

L'Arrest du Grand'Conseil de 1667 porte en termes exprès, *avons maintenu & gardé les Religieux, au droit de Clocher & Sonnerie conformément, à l'Arrest de notre Parlement du* 12 *May* 1654.

L'Arrest du Grand'Conseil de 1678 déboute le Curé de son opposition à celui de 1667, dont il ordonne l'exécution selon sa forme & teneur : Or la forme & teneur de l'Arrest de 1667 est, entr'autres dispositions, que les Religieux sont maintenus au droit de Clocher, & de Sonnerie, conformément à l'Arrest du Parlement de 1654, il n'en faut pas davantage, pour établir la connexité entre ces trois Arrests.

Contre ces verités de fait, dont on ne tiroit point encore les inductions décisives qu'elles fournissent, les Religieux qui en sentoient les suites, n'ont cessé de dire : il faut distinguer, entre ordonner l'exécution d'un Arrest, ou juger conformément à cet Arrest ; les Arrests de 1667 & 1678 intervenus au Grand'Conseil, ont jugé conformément à l'Arrest du Parlement de 1654, pour le chef du Clocher & de la Sonnerie ; ils se sont conformés à cet Arrest par rapport à ce chef, mais ce n'est pas là juger en exécution, ordonner l'exécution : il y a grande différence à faire.

Mais quoi ! Les Religieux ignorent-ils, que deux Cours Supérieures indépendantes l'une de l'autre, telles que le Parlement & le Grand Conseil, n'ont réciproquement aucun droit, d'ordonner l'éxécution des Jugemens émanés de leurs Tribunaux.

Cette façon de prononcer, supposant une supériorité, n'est d'usage, & convenable qu'envers le Tribunal inferieur, dont le Supérieur maintient le Jugement, ou lorsque, le même Tribunal confirme un premier Jugement, qu'il a déja rendu. Les Religieux ignorent-ils, que l'Arrêt de 1654 se trouvant visé dans les Arrêts de 1667, & 1678, & ces deux derniers contenant des dispositions conformes au premier, il n'en faut pas davantage pour démontrer la Connexité entre les trois Arrêts ?

Pourquoi donc ont-ils imaginé, & proposé d'avance, cette distinction chimerique ? C'est qu'ils ont toujours senti les conséquences, de la connexité prouvée : ils ont voulu les parer, & les prévenir.

Ces conséquences nécessaires sont, 1°. Que lorsque l'Arrêt passé de concert en 1654, après avoir expressément maintenu les Religieux dans certains droits, ajoute par une seconde disposition génerale, qu'il les maintient dans les qualités, droits, & prééminences dont ils ont joüi par le passé, *& en la maniere accoutumée* : Cette maintenuë generalle & implicite, par rapport aux qualités & prééminences, ne peut jamais être relative, qu'aux qualités dont ils avoient joüi, & dans leur maniere accoutumée d'en joüir ; pour s'instruire de cette maniere accoutumée, il faut se reporter au temps de cet Arrêt, voir les Pieces, Procédures, & Requêtes produites, * on n'y trouve pas l'ombre de proprieté, ni de Proprietaires.

De cette premiere conséquence, il en nait une seconde, c'est que, lorsque les Arrêts de 1667, & 1678 *maintiennent les Religieux, au droit de Clocher & Sonnerie, conformément à l'Arrêt du Parlement de 1654*, ils ne les y maintiennent pas à un autre titre, & dans d'autres qualités, que celle de l'Arrêt de 1654, parce qu'il n'y a point de commentaire, ni de dialectique qüi puissent empêcher, que le mot *conformément* ne signifie de la même maniere, dans les mêmes qualités.

De ces deux premieres conséquences nécessaires, il en suit une troisiéme aussi infaillible, c'est que la proprieté des Religieux n'ayant point été jugée, n'ayant pû l'être, quant au Chef du Clocher, & de la Sonnerie, par les Arrêts de 1667, & 1678, la qualité de Proprietaires n'ayant pû leur être accordée, par rapport à ce Chef, puisque c'est *conformément à l'Arrêt de 1654*, que les deux autres Arrêts ont prononcé sur ce Chef : il n'est pas possible, que cette même proprieté, cette qualité de Proprietaires, se trouve jugée par rapport aux autres Chefs, & aux autres droits ; attendu que la qualité des Religieux doit être une : le Titre en vertu duquel ils possedent est indivisible, ils ne se prétendent pas Curés primitifs pour une partie des droits, & Proprietaires pour l'autre partie ; ils se disent Proprietaires pour le tout, ils soutiennent leur proprieté jugée pour le tout.

Mais, la preuve du contraire est si bien écrite dans les Arrêts même, qu'il n'y a point de milieu pour les Religieux ; il faut qu'ils conviennent des conséquences démontrées, ou qu'ils prouvent, que lorsque l'Arrêt de 1654 passé de concert, les a maintenu dans la *possession des qualités, & prééminences dont ils avoient joüi par le passé & en la maniere accoutumée*, cette disposition concertée, & convenuë entre les Parties, ne se rapportoit pas à la qualité de Curés primitifs qu'ils articuloient, qu'ils demandoient, mais à celle de Proprietaires qu'ils ne demandoient pas, & que l'on ne leur accordoit pas ; qualité dont ils n'avoient jamais joüi, & que le besoin seul a fait imaginer, près d'un siecle après cet Arrêt concerté, il faut qu'ils prouvent, qu'un Arrêt passé de concert a jugé *ultra petita*, qu'il a accordé la proprieté du droit de Clocher & Sonnerie, dont les Religieux demandoient seulement la joüissance comme Curés primitifs.

Il faut que les Religieux se chargent de soutenir ces premieres absurdités, démenties par l'Arrêt même, & par les pieces ausquelles les Demandeurs l'ont joint dans leur production.

Il faut qu'ensuite, par rapport aux Arrêts de 1667, & 1678 qui ont jugé sur le Chef du Clocher, & de la Sonnerie *conformément à l'Arrêt de 1654*, qui ont visé cet Arrêt, il faut, ou que les Religieux soutiennent, que ces Arrêts en jugeant conformément, ont cependant jugé toute autre chose ; qu'ils ont prononcé conformément, sans s'y conformer, ce qui est le comble de l'illusion ; ou bien les Religieux se trouveront avoir deux titres, & deux qualités opposées dans les mêmes Arrêts, celle de Curés primitifs par rapport au Clocher, & Sonnerie *conformément à l'Arrêt de 1654*, & celle de Proprietaires par rapport aux autres droits ; & dès-là ces Arrêts de 1667 ;

& 1678 ne font plus foutenables, ni intelligibles : parce que la caufe, le titre de la poffeffion des Religieux eft individuel, & que *in individuis præfertim caufa judicati eft individua*; auffi lorfque les Bénédictins ont voulu obtenir la provifion en 1729, lorfque pour y parvenir, ils ont confulté le 30 Mai 1729 des Avocats du Parlement, ils fe font bien donné de garde, de leur communiquer les trois Arrêts réünis : Les Confultans aufquels on vouloit arracher un avis favorable, n'ont point vû l'Arrêt de 1654, & ne fe font déterminé que fur ceux de 1667, & 1678, de forte que trompés fur les faits & fur les pieces, ils fe font déterminés fur ce qu'ils ont vû, fans connoître de quel poids étoit la connexité, entre deux Arrêts qu'ils avoient fous les yeux, & un troifiéme qu'on leur cachoit.

La feule connexité démontrée entre ces trois Arrêts, prouve donc invinciblement, que la qualité de Propriétaires, le droit de propriété des Religieux, n'a point été jugé & n'a pû l'être; & cette preuve eft fondée fur l'argument le plus fimple; un Arrêt paffé de concert, n'a pû juger d'autres qualités & d'autres droits, que ceux qui étoient articulés & demandés d'une part, accordés & convenus de l'autre. Deux autres Arrêts qui ont fuivi ce premier, qui l'ont vifé, qui ont jugé *conformément*, n'ont pû, en s'y conformant, adjuger le même droit à un autre titre, & dans d'autres qualités, que celles accordées par l'Arrêt qu'ils copioient : cette qualité étoit celle de Curés primitifs *,
* Vid. pieces prod. cot. D, produc. principale des Demandeurs.
par conféquent, ils n'ont pas prononcé fur tous les autres droits, demandés au même titre, ils ne les ont pas adjugés à un autre titre totalement oppofé : puifqu'ils auroient par là, accordé aux Religieux dans le même Arrêt, deux titres d'une feule & même poffeffion, & deux titres incompatibles. S'il pouvoit refter du doute fur cette verité, il fuffiroit pour le diffiper, de parcourir les argumens, & les moyens propofés par les Religieux, comme preuves de leur propriété jugée.

En effet, toutes leurs preuves à cet égard, fe réduifent à quelques inductions fophiftiques, tirées des Arrêts de 1667, & 1678, foigneufement détachées de celui de 1654.

Ils n'ont point, difent-ils, obtenu par les Arrêts de 1667, & 1678, ni les droits des Curés primitifs, ni la qualité.

1°. Par rapport aux droits, il eft certain, felon eux, qu'ils n'ont point été maintenus, dans ceux qui conftituent plus effentiellement le Curé primitif, tel que de faire l'Office les quatre bonnes Fêtes de l'année, donner la bénédiction au Prédicateur, & autres marques diftinctives du Curé primitif.

A la verité, ils ont confervé quelques droits, qui peuvent convenir aux Curés primitifs, mais ce n'eft point une raifon, pour qu'ils ayent été maintenus uniquement à ce titre, puifqu'ils ont été maintenus dans nombre d'autres droits, étrangers aux Curés primitifs, & qui ne pouvoient être prétendus en cette qualité.

C'eft donc à un autre titre, à une autre qualité qu'il faut referer le tout; & fi ce n'eft point à la qualité de Curés primitifs, ce ne peut être qu'à celle de propriétaires.

Les Demandeurs conviennent, que les Religieux n'ont pas été maintenus, generalement dans tous les droits, que donne la qualité de Curés Primitifs en elle-même, & qu'en même-temps, ils ont été maintenus dans quelques-uns exhorbitans, & qui n'ont jamais appartenus aux Curés Primitifs en vertu de leur qualité : mais quelle raifon pour en conclure que la propriété eft jugée?

Dans le nombre des droits utiles & honorifiques, que les Religieux ont toujours reclamé comme Curés Primitifs, & dont ils n'ont jamais articulé, ni demandé la propriété, que depuis 1726, non-feulement il en eft qui ne peuvent convenir, & appartenir qu'à des Curés Primitifs; mais il en eft auffi, dont il y auroit autant d'impieté que de crime, à prétendre la propriété, & à la juger. Quel a donc été l'objet des Arrêts? Uniquement la poffeffion foutenuë, prouvée même immémoriale, de la part des Religieux fur certains chefs, moins paifible & moins conftante fur quelqu'autres; poffeffion dont le vice n'étoit ni découvert, ni démontré de la part des Demandeurs.

Pour ftatuer fur cette poffeffion, les Arrêts ont fuivi la Regle *tantum præfcriptum, quantum poffeffum*, ils ont jugé, que tant par rapport aux droits, qui ne peuvent appartenir qu'aux Curés Primitifs, que par rapport à ceux même, que cette qualité ne peut donner, les Religieux avoient acquis & prefcrit, le droit de joüir de ceux qu'ils avoient réellement poffedé.

En fuivant cette regle *tantum præfcriptum quantum poffeffum*, les Arrêts n'ont pas adjugé tous les droits des Curés primitifs, parce que tous n'avoient pas été également
poffedés

& prescrits : ils en ont accordé, que la qualité de Curez primitifs en elle-même, & sans la possession, ne pourroit jamais entraîner, parce qu'ils les ont trouvés possedés & prescrits, & que la possession dont le vice étoit alors caché, pouvoit être sensée réguliere.

La distinction entre les droits appartenans aux Curés primitifs, dans la Theze generale, & les droits dans lesquels ont été maintenus les Religieux, ne fait donc point une preuve de leur proprieté jugée, ils n'ont point été maintenus à la verité dans tous les droits, ni dans les seuls droits, appartenans aux Curés primitifs : mais, ils ont été maintenus en géneral, dans des droits qu'ils ne reclamoient, & ne pouvoient reclamer qu'à ce titre.

Voilà la premiere objection des Religieux tirée de ce qu'ils n'ont point obtenu tous les droits des Curés Primitifs par les Arrêts de 1667, & 1678, suffisamment détruite.

La seconde Objection roule sur les qualités qui leurs sont accordées par ces Arrêts & dont ils argumentent.

L'Arrêt du Grand Conseil de 1667 a mis, disent ils, hors de Cour sur la demande que nous avions formée, afin d'être maintenus dans la qualité de Curés Primitifs, & cependant il nous maintient dans tous nos droits : L'Arrêt de 1678 a ordonné l'exécution de celui de 1667, & nous a pareillement maintenu dans tous nos droits ; & sur la demande formée de notre part, afin d'être maintenus, dans la qualité de Curés Primitifs, ce dernier Arrêt nous a fait défenses expresses de la prendre ; donc, ce n'est pas comme Curés primitifs, que nous sommes maintenus dans nos droits, par ces Arrêts, puisque le premier a mis hors de Cour, sur la qualité de Curés Primitifs, & que le second, porte défenses expresses de la prendre, & si ce n'est pas comme Curés Primitifs, que ces Arrêts nous maintiennent en possession, donc c'est comme Proprietaires.

Mais on a démasqué la ruse, car on a fait sur cela une question aux Religieux, on les a même sommé judiciairement d'y rendre une réponse précise, * & ils se sont bien gardé de le faire ; on leur a demandé, n'est-il pas vrai, que vous êtes dans l'usage, de vous dire Curés Primitifs, des Cures qui sont à la collation des Abbayes, dont vos Prieurés dépendent, que vous prétendez, que le Prieur qui est sur le même lieu où est la Cure, represente l'Abbaye quant aux honneurs, & aux droits de Curés Primitifs, qu'au défaut du Prieur, le Religieux qui le suit represente, & ainsi successivement, de sorte que toute la Communauté en prend enfin le titre en nom collectif ? Telle est la pratique connuë qui vous a si souvent réussi ; tel étoit l'objet de vos Requêtes précises lors des Arrêts de 1667, & 1678. Vous demandiez en corps de Communauté, à être maintenus dans la qualité de Curés Primitifs.

Les Religieux ne répondent point à cette question, mais la notorieté, & le cri public répondent pour eux ; tel est l'usage, ou, pour mieux dire, l'abus, par lequel tant de Communautés, sont parvenuës à conquerir, & à se maintenir dans la qualité de Curés Primitifs.

C'est cet abus connu, que les Arrêts ont voulu réprimer, par le hors de Cour, & les défenses expresses de prendre cette qualité ; ils ont jugé, que dans le cas même, où la possession feroit présumer, les droits & la qualité légitimes, cette même qualité, ne pourroit appartenir, ni convenir, à des Religieux en Corps de Communauté, mais seulement à leur Prieur Commendataire.

Quels étoient alors la prétention & le langage des Religieux ? Nous sommes en possession immémorialle, comme Curés Primitifs. Les Arrêts les ont maintenus dans la possession, & leur ont refusé, la qualité en vertu de laquelle, ils prétendoient posseder ; ce qui en resulte, c'est que la qualité supposée, n'a point été jugée communicable, du Prieur Commendataire aux Religieux, en corps de Communauté, elle ne leur a point été jugée transmissible, quoiqu'elle pût servir alors de fondement, ou de prétexte à leur possession, dont le vice n'étoit pas à découvert.

Leur ambition a toujours été, de voir confirmer cette qualité, en nom collectif par un Arrêt ; non contens de la chose, ils ont toujours voulu le nom, ils ont presenté des Requêtes précises pour cela, & les Arrêts, en confirmant la possession de la chose, ont jugé que la Communauté n'avoit jamais possedé, ni pû posseder le nom. Tel est le sens, & l'esprit de la maintenuë dans les droits contestés, portée par les Arrêts de 1667, & 1678, & en même temps du hors de Cour, & des défenses qui tombent sur la qualité de Curés Primitifs.

OBJECTION.

Mais, difent les Religieux, les Arrêts en queftion, ne peuvent avoir eu pour objet, de diftinguer, par rapport à la qualité de Curés Primitifs, entre nous Religieux en corps de Communauté, & notre Prieur Commendataire; il a été alors exclus comme nous de cette qualité, puifqu'il étoit en caufe lors de l'Arrêt de 1667, Il avoit donné fa Requête d'intervention, & l'Arrêt met hors de Cour fur fa Requête, ainfi que fur la notre; par conféquent, il eft débouté comme nous de la qualité de Curé Primitif, au moins *formà negandi* : Cependant l'Arrêt nous maintient dans tous nos droits, abftraction faite de toute qualité de Curés Primitifs, auffi-bien par rapport au Prieur Commendataire, que par rapport à nous; donc c'eft comme Proprietaires que nous y fommes maintenus.

REPONSE.

Pure équivoque, le Prieur Commendataire étoit en caufe lors de l'Arrêt de 1667; il avoit donné fa Requête d'intervention, & le hors de Cour tombe fur cette Requête, de forte que le Prieur en eft débouté *formà negandi*; tout cela eft vrai, mais à quoi tendoit-elle, cette Requête? Quelles en étoient les Conclufions? Les Bénédictins n'ont garde de le dire; il n'y auroit plus d'équivoque, & partant plus de Moyen.

Le Prieur Commendataire demandoit-il, par une Requête précife, à être maintenu nommément & perfonnellement, dans la qualité de Curé Primitif, & l'a-t-on mis hors de Cour fur cette demande? Si cela étoit, il en feroit en effet débouté, au moins *formà negandi*, comme le difent les Religieux. L'ambiguité de leurs termes conduit affez bien à le faire croire ainfi; cependant la vérité eft, que par cette Requête d'intervention du Prieur Commendataire, vifée dans l'Arrêt de 1667, il ne demande autre chofe, finon, qu'Acte lui foit donné, de ce qu'il fe joint aux Religieux : de forte que cette intervention du Prieur Commendataire, toujours mandiée, toujours l'ouvrage des Religieux, fignifie uniquement, qu'il adhére à toutes les Conclufions qu'ils ont prifes, qu'il forme avec eux, & pour eux, les mêmes demandes qu'ils ont formées.

Le Prieur Commendataire ne demandoit donc pas en 1667, d'être perfonnellement maintenu dans la qualité de Curé Primitif, mais en adhérant à toutes les Conclufions prifes par fes Religieux, à toutes les Requêtes précifes qu'ils avoient prefentées, il demandoit, qu'ils fuffent maintenus en corps de Communauté, dans la qualité de Curés Primitifs.

Ainfi, lorfque l'Arrêt de 1667, a mis hors de Cour, fur la Requête d'intervention du Prieur Commendataire, il eft démontré, que le hors de Cour, ne porte fur aucune demande, formée par lui perfonnellement, & en fon nom, pour raifon de cette qualité, mais feulement, fur les demandes formées par les Religieux, aufquelles il a adhéré.

L'Arrêt de 1678 fait défenfes expreffes aux Religieux, de prendre cette qualité de Curés Primitifs; diront-ils que ces défenfes, portent auffi fur leur Prieur Commendataire? qui n'étoit point en caufe, & n'eft point Partie dans l'Arrêt, ils ne le difent pas nettement, mais leurs argumens font tournés de façon, à en faire douter, fi l'on ne prenoit foin de prouver le contraire, par les Arrêts mêmes.

Pour achever de fe convaincre, que tel eft le véritable efprit de ces Arrêts, il fuffit de faire attention, à la différence marquée de leurs difpofitions, par raport à cette qualité de Curés Primitifs.

L'Arrêt du Parlement, paffé de concert en 1654, maintient implicitement les Religieux, feuls en caufe, & fans leur Prieur Commendataire, dans la qualité de Curés Primitifs; mais, comme l'on obtient tout, fans examen, par la voye du concert, cet Arrêt ne fait pas même de préjugé. Cependant les Religieux ne l'ont pas négligé, ils l'ont regardé comme un véhicule, pour arriver à leur but, ils l'ont produit lors de l'Arrêt de 1667; ils fe font de plus aidés de l'intervention de leur Prieur Commendataire, adhérant à toutes leurs Conclufions; avec ces fecours, ils ont tenté la Requête précife, afin d'être maintenus dans la qualité de Curés Primitifs.

L'Arrêt de 1667 a mis hors de Cour, fur cette demande; il n'en a pas débouté expreffément, il n'a pas fait defenfe de prendre cette qualité à toutes les Parties qui étoient en caufe; il a feulement indiqué, par le hors de Cour, que la demande n'étoit point formée regulierement, & par la feule Partie qui pût avoir droit de la former.

Les Religieux, qui ne fe rebutent point, font revenus à la charge lors de l'Arrêt de 1678; nouvelle Requête précife, dont l'objet étoit encore la qualité de Curés Primitifs, comme il n'y avoit point de Requête, ni d'intervention du Prieur Commendataire, cet Arrêt a fait défenfes expreffes aux Religieux de prendre la qualité demandée.

Qu'ils nous difent donc une bonne fois, quelles autres circonftances de droit, ou de fait, ont occafionné cette différence, dans la difpofition de deux Arrêts confécutifs, émanés du même Tribunal, fur un même Chef de demande : fi ce n'eft pas l'intervention, & la demande oblique, & mal dirigée du Prieur Commendataire, lors de l'Arrêt de 1667, & le défaut de toute intervention, & demande de fa part, lors de l'Arrêt de 1678 ; & fi c'eft cette intervention feule, qui a occafionné cette différence, quelle preuve plus claire du fens, & de l'efprit des Arrêts?

Le hors de Cour, fur la qualité de Curés Primitifs, demandée par les Religieux, & les défenfes expreffes de prendre cette qualité, prononcées par les Arrêts de 1667, & 1678, ne font donc point uue preuve de la propriété jugée, conclure de ces difpofitions que la propriété eft jugée, que les Religieux n'ont pû être maintenus dans les endroits conteftés, que comme Proprietaires, c'eft tirer une fauffe conféquence d'un fophifme & d'une erreur.

Les faits perpetuellement articulés par les Religieux, lors de ces Arrêts, ont toujours été, qu'ils étoient en poffeffion immémoriale, *comme originairement chargés du foin des ames.* Ils le répetoient encore lors des Lettres de Refcifion, qu'ils ont hazardé, & dont ils ont été déboutés par Arrêt contradictoire du Parlement, du 14 Mars 1716.

* Vid. Mém: des Religieux produit par les Demandeurs, cott. D. Prod. principale.

Ils difoient * *que le Curé, n'étoit Curé qu'au refpect de fes oüailles, que par raport à eux, il n'étoit que Vicaire perpetuel, que l'Arrêt ne pouvoit être entendu autrement.* (Ces termes, fortis de la bouche des Religieux, ont une merveilleufe énergie.) Ils n'avoient garde de penfer, en 1722, que la propriété eût été prétenduë, conteftée, ni jugée. Si leur interêt n'eut pas changé en 1726. Ils n'auroient pas fait ces découvertes.

C'eft donc fe conformer au fentiment même des Religieux, exprimé dans un temps non fufpect, que de foutenir, que les Arrêts n'ont point jugé la propriété, qu'ils n'ont point maintenu les Religieux, dans tous les droits en queftion, comme Proprietaires, mais comme originairement, chargés du foin des ames ; & attendu que de l'aveu des Religieux cette charge, & ce foin des ames, ne leur ont point été confiés originairement, que c'eft un faux expofé, & une erreur dans laquelle ils ont vécu fept cens ans, il faut convenir que la queftion à juger, cette queftion de leur propriété, eft auffi entiere qu'elle eft nouvelle, & indépendante des Arrêts.

Enfin les Religieux infiftent, & par un dernier Moyen, ils effayent de prouver que leur propriété eft jugée.

OBJECTION.

C'eft, difent-ils, fur le vû de leurs titres, que les Arrêts les ont maintenu en poffeffion de tous leurs droits, donc ils y ont été maintenus comme Proprietaires. Donc les Arrês ont prononcé fur la caufe, & fur le mérite de la poffeffion. Donc les mêmes Moyens que l'on veut opofer aujourd'hui contre ces titres, ont été propofes alors, & n'ont pas réuffi : c'en eft affez, *non bis in idem*, il n'eft plus poffible d'examiner de nouveau, des titres qui ont été vifés dans des Arrêts contradictoires, ni de difcuter une feconde fois, des moyens qui ont été propofés une premiere fois fans fuccès.

RÉPONSE.

Ici les Religieux voudront bien permettre à leurs Adverfaires de le dire, le faux eft à nud, il n'a pas même le voile ordinaire de l'équivoque.

En effet, tous les titres des Religieux n'ont point été vûs lors de l'Arrêt du Parlement de 1654, puifqu'il n'en a pas été vifé, ni produit un feul ; il n'a pas été propofé alors un feul Moyen contre aucun titre.

Cependant cet Arrêt paffé de concert, eft devenu lui-même un titre pour les Religieux, & un titre en vertu duquel ils ont été maintenus, par les Arrêts du Grand Confeil, qui s'y font conformés dans les droits de Clocher, & Sonnerie, d'ouverture de la terre pour les Sépultures, & autres *conformément à l'Arrêt de notre Parlement du 12. May 1654.* Ce font les termes.

Il faut convenir, que contre ce titre, les Supplians ont un moyen qui n'a jamais été propofé, ni difcuté dans aucun temps, ni en 1667, ni en 1678 ; & qui a toujours dû l'être ; c'eft le concert qui rend l'Eglife non défenduë & non valablement défenduë, & ce moyen n'a été propofé que par une derniere Requête des Demandeurs.

Mais, tous les Titres des Religieux n'auroient-ils point été vûs, & produits lors de l'Arrêt de 1667, les mêmes moyens que l'on oppofe aujourd'hui, contre ces Titres réünis, n'auroient-ils point été propofés alors? La folution eft dans le vû de l'Arrêt même.

On y trouve, que non feulement tous les Titres produits depuis, ne l'ont point été alors, puifqu'ils n'y font point vifés ; mais que le Titre primordial, le Titre qui fournit aux Demandeurs les moyens les plus décififs, la Chartre d'Henry I. introductive des Religieux à Saint Ayoul en 1048. pour deffervir la Cure, ce Titre dont tous les autres dépendent, & auxquels ils doivent tous fe référer, n'a été ni vû, ni produit. Les Demandeurs n'avoient pas la moindre connoiffance de cet Acte, les Bénédictins n'en difoient pas un mot ; & par conféquent les moyens que cet Acte fournit, n'ont point été propofés.

Les Titres qui furent vifés dans cet Arrêt de 1667 font des Procès verbaux fans nombre, des Sentences provifoires, des Actes de toute efpece pratiqués en differens temps par les Religieux, pour conftater leur poffeffion, *heu ! quam compendiofe fibi adfcripferunt.*

Outre ces Actes indifferens en eux-mêmes, l'Arrêt de 1667, a vifé deux copies collationnées par Extrait de deux Bulles, dont l'une du Pape Anaftafe IV. contient difent les Religieux, l'érection d'une Cure dans l'Eglife de Saint Ayoul.

L'autre Extrait collationné de Bulle, ne porte autre chofe qu'une confirmation à l'Abbaye de Moutier-la-Celle, de tous les biens qui lui ont été donnés ; à ces piéces font encore jointes deux autres qui y font relatives.

Mais, fans s'expliquer actuellement fur le mérite de ces Titres, il faut que les Religieux avoüent de bonne foi, qu'ils n'ont de vertu, qu'autant qu'ils font conformes au Titre primordial & primitif, fuivant cet axiôme fi jufte ; *ad primordium tituli totus ordo reformatur.* C'eft ce qui précede, qui regle, & qui décide de la valeur de ce qui fuit.

Les Demandeurs trouvent une contrarieté pleine entre les titres vifés dans l'Arrêt de 1667, & le Titre primordial de 1048. Le moyen réfultant de cette contrarieté n'a point été propofé, puifque la piece de comparaifon n'étoit pas produite, il falloit confronter le Titre de 1048, avec les Bulles vifées dans l'Arrêt de 1667. 1°. Pour appercevoir la contrarieté, 2°. Pour la juger ; & jamais les Religieux n'ont mis ce Titre de 1048 vis-à-vis les Bulles : lorfqu'ils ont produit les Bulles, ils ont gardé le filence fur le Titre primitif ; & lorfqu'ils ont montré le Titre, ils ont caché les Bulles.

A la verité, tous ces Titres fi contraires entr'eux, qu'il a fallu éclipfer les uns pour pouvoir préfenter les autres, reparoiffent aujourd'hui tous, réünis fous les yeux de SA MAJESTE', mais c'eft parce qu'il n'eft plus permis de les examiner, felon les Religieux, à les entendre leurs Titres ont acquis le privilege, d'être contraires les uns aux autres, fans danger, & fans conféquence, *non bis in idem.* Tout eft jugé, il n'y a plus de Titres à examiner, à difcuter, tel eft leur langage.

Mais la fauffeté de ce langage eft prouvée par le vû de l'Arrêt de 1667, la Chartre de 1048 n'y eft point vifée, elle n'a point été produite alors ; donc tous les moyens que ce titre fournit aux Demandeurs, n'ont point été propofés, & n'ont pû l'être alors.

Les Bulles vifées dans cet Arrêt font, ou fauffes, ou impetrées fur un faux expofé ; puifqu'elles font contraires à la Chartre, & cette contrarieté eft un moyen contre ces Bulles, qui n'a pû être établi par les Demandeurs, puifqu'il dépendoit de la réünion des Bulles, & de la Chartre, que les Religieux avoient pris foin de féparer.

C'eft cependant lors de cet Arrêt, dans lequel toutes les Parties étoient en caufe, & lors duquel toutes les queftions concernans tous les droits, étoient agitées, que tous les Titres auroient dûs être vifés, & produits : or il eft démontré qu'ils ne l'ont point été.

Enfin en 1678, les Religieux ont cru, que le moment étoit arrivé, de produire la Chartre d'Henry I. elle eft vifée dans l'Arrêt de 1678.

Mais 1°. La Bulle d'Anaftafe IV. dattée de 1153. qui avoit été vifée dans l'Arrêt de 1667 ou la Chartre ne le fut pas, cette Bulle abfolument contraire à la Chartre n'a point reparu, n'a point été vifée dans l'Arrêt de 1678. C'eft cependant ces deux Titres qu'il eut fallu réünir ; l'un contient la preuve de la fauffeté de l'autre, ils n'ont jamais vû le jour enfemble lors des Arrêts, ils font ajourd'hui réunis, & fous les yeux du Confeil, mais pourquoi ? C'eft que les Religieux ne veulent plus d'examen, & croyent pouvoir l'éluder, par la marche oblique qu'ils ont tenuë ; tous leurs Titres ont paru, ont été vûs, comme ils le crient fans ceffe, cela éft vrai ; mais vrai, de cette verité captieufe, qui n'eft que dans l'équivoque des termes, & dont le fond eft un menfonge, & une erreur ; tous leurs Titres ont été vûs, mais féparez, mais dans des temps éloignés, mais ceux qui ne pouvoient foutenir l'afpect du Titre de 1048, ont vû le
jour

jour long-temps avant lui, & lorſqu'il a parû ils ont ceſſé de paroître.

2°. Dans cet Arreſt de 1678 toutes les Parties n'étoient point en cauſe, le Prieur Commandataire n'y eſt point Partie, non plus que les Marguilliers, & Paroiſſiens répréſentans la Fabrique ; c'eſt le Curé ſeul, & un autre Curé nouvellement pourvû, par conſéquent peu inſtruit de l'état & des droits de ſa Paroiſſe, qui ſoûtenoit contre les Religieux ſeuls, qu'un Arreſt rendu contre ſon prédeceſſeur ne l'obligeoit point.

C'eſt ſur ce moyen qu'il avoit formé oppoſition à l'Arreſt de 1667 rendu contre ſon prédeceſſeur ; il fut débouté de ſon oppoſition, & l'execution de l'Arreſt de 1667 fut ordonnée.

Donc tout ce qui fut jugé en 1678, c'eſt qu'un ſucceſſeur n'eſt pas recevable dans une oppoſition fondée pour tous moyens, ſur ce que l'Arreſt auquel il s'oppoſe, a été rendu avec ſon prédeceſſeur, & non avec lui.

Donc il s'en faut bien, & cela eſt démontré, que la proprieté des Religieux ait été jugée par les trois Arreſts dont il s'agit ; tous jugent ſeulement la poſſeſſion, & la poſſeſſion fondée ſur la qualité de Curés Primitifs accordée implicitement par l'Arreſt de 1654, non accordée aux Religieux par l'Arreſt du Grand-Conſeil de 1667, mais non refuſée auſſi expreſſément, & perſonnellement à leur Prieur Commandataire, qui par ſa Requête d'intervention ne la demandoit pas pour lui, mais pour eux, ce qui a occaſionné le hors de Cour ſur ſa Requête, comme on l'a fait voir.

Cette qualité a été expreſſément déniée aux Religieux, par l'Arrêt de 1678, mais elle ne l'a point été à leur Prieur Commandataire, qui n'y eſt point partie, elle a toujours été articulée, toujours priſe par les Religieux, dans les trois Arreſts. On le voit en tête de chacun, on y trouve leurs Requêtes viſées dans cette ſeule qualité.

Il s'en faut bien que la proprieté ait été jugée ſur le vû des Titres, comme les Benedictins l'inſinuent, puiſqu'aucuns titres n'ont été viſés dans l'Arreſt de 1654 ; que le titre primordial, & déciſif, de 1048 ne l'a point été dans l'Arreſt de 1667, & qu'une Bulle, abſolument contraire à ce titre, y ayant été viſée, elle a diſparuë lorſque ce titre de 1048 a enfin été viſé pour la premiere fois en 1678, & viſé très inutilement, puiſqu'alors toutes les Parties n'étoient point en cauſe, & qu'il ne s'agiſſoit que d'une oppoſition formée à l'Arreſt de 1667 par le Curé ſeul.

Le premier objet des Demandeurs eſt donc rempli par rapport à cette propoſition des Religieux, *que leur proprieté a été jugée ſur le vû de leurs titres.* Tout le faux en eſt invinciblement démontré.

SECONDE PROPOSITION DES RELIGIEUX.

Qu'ils ſont Propriétaires de tous les Droits utils & honorifiques conteſtés par les Demandeurs.

Contre cette Propoſition l'on commencera par établir quelques principes certains, qui ſerviront à abreger l'examen, & la diſcution de la foule immenſe de titres inutils produits par les Religieux.

1°. Tous leurs diſcours à l'avantage de leur poſſeſſion immémoriale, ainſi que tous les titres qui n'ont d'autre objet que de prouver cette poſſeſſion, ſont bons à retrancher, & ne méritent ni reponſe, ni examen.

Parce qu'il eſt de principe que la poſſeſſion, & les titres qui la prouvent deviennent inutils en eux-mêmes, lorſque le titre d'où elle dérive, & qui en eſt la ſource, paroît. C'eſt à ce titre primitif que tous les ſubſéquens ſe referent, pour n'avoir de force qu'autant qu'ils y ſont conformes.

Se renfermer dans la poſſeſſion lorſqu'elle eſt conſtante & prouvée, c'eſt ſe diſpenſer de produire des titres de proprieté de la choſe poſſedée ; mais produire des titres de proprieté, c'eſt renoncer aux avantages de la poſſeſſion, & de toutes les préſomptions qui en naiſſent ; c'eſt ſoumettre ſon droit & faire dépendre ſon ſort du ſeul titre produit.

La poſſeſſion, quelqu'ancienne qu'elle ſoit, ne formant aucun droit lorſque le titre primordial eſt en évidence, s'il eſt vicieux, elle ne ſçauroit le regenerer, puiſqu'elle en eſt une ſuite, & une émanation, dont elle a par conſéquent contracté le vice, & l'abus que les ſiecles ne rendent jamais légitime, étant impoſſible, en quelque temps que ce ſoit, de confirmer la poſſeſſion de celui que le titre primitif annonce n'être pas proprietaire, & ne l'avoir jamais été : *ad titulum ſupervenientem totus ordo reformatur,* dit du Moulin ; la raiſon, & les Auteurs ſont d'accord ſur ce point.

D

De ces principes est née cette maxime si connüe, & si fort à l'usage des Religieux, *melius est non habere, non ostendere titulum quam habere aut ostendere vitiosum.* Couverts par la possession, ceux qui avoient des titres vicieux, les ont supprimez ; mais toutes les fois qu'ils ont fait la faute, de montrer le titre originaire, ou que le hazard l'a fait paroître d'ailleurs, c'est sur lui seul qu'il a fallu juger.

En appliquant ces principes à l'espece, on trouve que les Religieux de Saint Ayoul, qui se sont dits Curez Primitifs depuis 1048, jusqu'en 1726, Proprietaires depuis 1726, jusqu'aujourd'huy, & comme tels en possession immémorialle, ont pû être maintenus dans cette possession présumée légitime, tant que le titre primitif de 1048 n'a point paru ; mais aujourd'hui qu'il est en évidence, & qu'il s'agit de juger leur possession sur ce titre seul, il devient la seulle Loi qu'il faille entendre, & le seul arbitre qu'il faille consulter.

Lors de l'Arrest 1667, qui est le premier, & le seul Arrest contradictoire, où toutes Parties interessées à la contestation, ayent été en cause, (ce qu'il est important d'observer,) le titre de 1048 n'a point été visé, ni produit.

L'on a dit alors très inutilement aux Religieux, les mêmes vérités qu'on leur répéte aujourd'huy, on leur a dit, vous êtes des usurpateurs, incapables par institution, & par état du soin des ames ; dans les temps d'ignorance, & de troubles tels qu'ont été le Xe. & le XIe. Siecle, où le relachement, & les désordres des Prestres séculiers, les avoient rendües généralement méprisés, où la dévotion, & le gout dominant, étoient de fonder & d'enrichir des Monasteres ; * dans ces temps où les Paroisses abandonnées, tenües en Fiefs par des Seigneurs, étoient journellement la proye de l'usurpation, & le prix de la simonie, par le trafic, & le commerce qui s'en faisoit publiquement, * vous avez achetté des uns, & obtenu des autres à titre de donation, les Paroisses & leurs patrimoines, les dixmes, & les autels, ce qui vous rendoit Curez. Telle est la source, & l'origine de tous vos droits sur les Paroisses : qui voudroit réünir toutes les preuves de ces vérités, copieroit tous les livres : mais enfin l'Eglise que vous aviez édifiée, & servie en sortant de vos retraites, où le sçavoir & la piété sembloient alors réfugiées, l'Eglise sentit bientôt l'inconvenient, & le danger de ces dessertes de Cures, par des Moines, elle sentit à quel excès la discipline, & l'institution Monachique étoient en cela violées.

Il fallut les secours, & l'authorité de plusieurs Conciles, pour vous releguer dans vos Cloîtres ; on y parvint enfin par le second Concile de Latran, mais non pas à vous faire restituer le patrimoine des Paroisses dont vous quittiez la desserte ; c'est dans ces usurpations manifestes, que vous vous êtes maintenus malgré le vœu perpetuel de l'Eglise, & la réclamation des Prêtres seculiers, ce qui a élevé contre vous le cri de tous les Autheurs Sacrez, & Profanes, ce qui a fait dire à Yves de Chartres, *Multa vides inordinata fieri in Ecclesia Dei quæ me torqueant maxime, quod apud nos qui altari non serviunt de altare vivant.*

Ces vérités furent employées inutilement contre les Religieux, lors de l'Arrest de 1667, la maxime qui prevalut fut celle que l'impossibilité de démêler un petit nombre de possesseurs legitimes, de la foule des usurpateurs, & l'immense crédit des Ordres Religieux, ont rendüe en quelque sorte nécessaire : cette maxime est, que tout ce qui n'est pas prouvé une usurpation, est présumé légitimement acquis, que lorsque le titre primitif ne paroît point, il est sensé légitime, & perdu ; mais bien entendu que dès que ce titre est existant, & produit, toute presomption cesse, toute usurpation, tous abus par lui manifestés se repriment.

Aujourd'hui donc que le titre de 1048 paroît, ces vérités ont contre les Religieux, toute une autre force qu'en 1667, temps auquel ce titre ne paroissoit pas, & qu'en 1678, temps auquel il n'étoit question que d'une opposition formée à l'Arrest de 1667 par le Curé seul, par des motifs étrangers à la question agitée en 1667, de même qu'à la question présente, ainsi qu'on l'a démontré dans la premiere partie de ce Mémoire.

Les Religieux ont beau traiter ces grandes vérités, fortifiés par la présence du titre de 1048, de répétitions vaines, d'injures atroces, ils sont eux-mêmes forcez d'y rendre hommage : puisqu'ils conviennent dans leurs propres écrits, qu'ils ne pourroient être propriétaires des droits utils & Honorifiques dont il s'agit, s'ils avoient été réellement appellez en 1048 à la desserte d'une Cure, dèja établie en l'Eglise de Saint Ayoul, que la propriété d'une Eglise Paroissialle, & du patrimoine d'une Cure ne leur auroit point été donnée par le Comte Thibault & par l'Archevêque, ni confirmée par le Roy : ils fentent tout l'abfurde, & l'impoffible d'un pareil don. Ils n'ofent fe dire propriétaires que parcequ'ils foutiennent qu'aux termes de la Chartre de 1048, l'Eglife Saint Ayoul n'étoit point Paroiffialle, & qu'ils ont été fondez dans un Monaftere déja établi dans cette Eglife, & pour y fuccéder à d'autres Moines, qui en avoient été chaffez pour leur négligence.

Ce fiftême de défenfe contient donc l'aveu le plus précis des vérités que les Supplians ont établies. Point de poffeffion légitime des droits utils, & Honorifiques d'une Paroiffe, qu'autant que l'abfence du titre primitif fera préfumer, ou que la réprefentation de ce même titre prouvera, que les Moines qui poffedent les droits, ont eû originairement, & dans le principe, le foin des Ames ; car de donnation de ces droits fur une Paroiffe, il n'y en eût jamais, & il n'y en peut avoir de la part de qui que ce foit.

Ex conceffis, les Religieux n'ont point eû ce foin originaire, ils ne font pas Curez primitifs : cependant la Paroiffe exifte, & ils ne fe prétendent propriétaires que parcequ'ils foutiennent qu'en 1048 cette Eglife n'étoit point une Paroiffe, mais un Monaftere ; l'examen de tous leurs titres fe réduit donc au feul examen de la Chartre de 1048, parceque leur fiftême actuel ramene toute la caufe à la fimple queftion de fait, y avoit-il ou non en 1048 une Paroiffe, ou un Monaftere, à Saint Ayoul ? & cette queftion de pur fait, ne peut fe décider, que par l'infpection & l'intelligence du titre de 1048.

L'examen de ce Titre, eft donc le feul auquel les Demandeurs fe livreront, avec une forte de difcution, & d'étenduë, & pour le faire avec méthode, ils commenceront, par le mettre fous les yeux.*

Contre ce titre, la premiere Objection des Religieux, eft, que la copie qui en a été produite par les Demandeurs, n'eft pas conforme à l'original qui fe trouve à Moutier-la-Celle.

La réponfe eft prompte : 1°. Les Demandeurs ont copié, & traduit fidellement ce Titre, tel qu'ils l'ont trouvé dans le *Prumptuarium* de Camufat, & dans des Manufcrits anciens, poffedés par les Religieux de Saint Ayoul eux-mêmes Camufat n'ayant eû aucun intérêt à ajouter ou retrancher, aux Chartres qu'il copioit dans les Abbayes même dont il les a tirées, fon recüeil merite plus de foi que l'affertion intereffée, & dénuée de toute preuve de la part des Religieux.

2°. Si les differences qu'ils fuppofent, entre leur original & la copie, font bien réelles, qu'attendent-ils pour les conftater, en produifant l'original, dont il font les dépofitaires, & les maîtres ? C'eft la feule voye d'éclaircir des doutes de cette nature ; *cum privilegia non infpecta, non valeant argui falfitatis : præcipimus ut exhibeantur.* *

Cette voye de produire les originaux, eft fi familiere aux Religieux quand ils n'ont rien à en redouter, que lorfqu'ils ne la prennent pas, c'eft un figne non équivoque de fauffeté, ou dans ce qu'ils alleguent de l'état d'un Titre, ou dans le Titre même.

Les Demandeurs font donc bien fondés à foutenir que la foi appartient tout entiere, à l'Autheur qu'ils ont pour garand, tant que fon témoignage ne fera balancé, que par la fimple dénégation des Religieux.

Mais, s'il étoit poffible de préferer ce qu'ils alleguent, à ce qui fe trouve dans un monument public non fufpect, il y auroit encore un reproche très bien fondé à leur faire.

Non feulement la copie imprimée qu'ils produifent de leur part, ne peut être préfumée fidelle, mais la traduction qu'ils y joignent, ne l'eft pas : elle détourne le fens naturel du texte, & y fubftituë un fens oppofé en plufieurs endroits : il eft vrai qu'en produifant cette copie, & cette traduction, ils ont eu foin de les attribuer aux Demandeurs, & de dire que les Curés & Marguilliers ayant fait imprimer l'une & l'autre à leurs frais & en grand nombre, ces deux exemplaires leurs font tombés dans les mains par pur hazard, & qu'ils les produifent fans autrement les approuver.

Ce langage des Religieux annonce qu'ils voudroient profiter des infidelités marquées dans leur traduction, & ne point courir les hazards de l'évenement : pour s'en débaraffer, ils préfentent leurs Adverfaires comme les traducteurs, & les diftributeurs des imprimés, qu'eux mêmes produifent ; mais l'artifice eft groffier. Ceux qui fouhaiteroient que l'original parla le langage de la copie, font les mêmes qui ont fait parler cette copie ; la traduction infidele eft l'ouvrage de ceux qui gagneroient à l'infidelité : *cui prodeft is fecit.*

En effet, fur ces mots de la Chartre *ut fibi liceret Monachos..... PRIMITIVE ponere*, la traduction produite par les Religieux porte *qu'il lui fût permis d'établir des Moines*, le mot *primitive*, qui fignifie, *pour la premiere fois*, eft totalement fupprimé dans la traduction. Qui peut donc avoir supprimé ce mot, & ce qu'il signifie? Sont-ce les Demandeurs, qui en tirent de si grands avantages, & qui s'en servent à prouver, qu'il n'y avoit pas encore eu de Moines à Saint Ayoul, avant 1048, puisque le Comte Thibault demande la permission d'y en établir, pour la premiere fois?

Les Religieux, au contraire, ont pour objet, de trouver des Moines prédécesseurs, ausquels ils ayent succedé: donc ce sont eux, *qui per fas & nefas*, travaillent à écarter ce qui nuit à l'économie de leur systême de défense, à substituer, & supposer ce qui peut y servir: Donc ce sont eux qui traduisent, *eâ ratione ut ..... altare ...... impetraret, à condition d'obtenir l'Autel, & tout ce qui en dépend.* Ce sont eux, qui ajoutent, dans le François, des dépendances, dont ils ont besoin, & qu'ils ne trouvent pas dans le Latin: puisque *Altare ne signifie pas l'Autel, & tout ce qui en dépend*; mais, simplement, & uniquement, *l'Autel*; donc, ce sont eux, qui traduisent encore ainsi ces termes: *Monachi, qui nunc ponuntur, & qui, de memorato loco ibi per successionem transfundentur, ibi serviant. Que les Moines, que l'on établit à present, & que l'on y fonde, en les transferant du lieu susdit, pour succeder à ceux qui y étoient avant eux, y desservent.* Quelle Paraphrase, quel Commentaire, que celui qui fait dire au texte le contraire de ce qu'il signifie! car le texte porte uniquement, *Que les Moines, que l'on établit à present, & qui, par la suite, seront tirés du lieu susdit* (Moutier-la-Celle) *y desservent.* Ces mots, *& que l'on y fonde*, sont donc ajoutés, dans la Traduction contre la lettre, & le sens du texte, qui, dans aucun endroit ne parle de fondation, n'employe le mot de *fondation*, ni aucun autre équivalent, mais seulement, les termes de *Desserte*, d'*Etablissement*, pour desservir, & à titre de desserte.

C'est pour glisser, dans cette Chartre, une succession à des Moines Prédécesseurs, dont on ne voit pas l'ombre, qu'il a fallu renverser la construction & le sens, pour tirer du mot, *per successionem*, une succession de Moines, au lieu d'une succession de temps, qu'il signifie; il suffit de jetter les yeux sur l'endroit, pour s'en convaincre.

Les Religieux demeurent donc convaincus, 1°, d'avoir nié l'état prouvé de la Chartre, & prouvé contr'eux, par l'argument le plus décisif, qui est leur persévérance à ne pas produire l'Original. 2°. D'avoir alteré, autant qu'il étoit en leur pouvoir, l'état de ce titre, par une traduction infidelle, qu'ils ont essayé, contre toute vraisemblance, d'attribuer aux Demandeurs, à qui elle seroit très-desavantageuse.

Suivons les Religieux dans leurs raisonnemens, & leurs objections sur ce titre.

Cette Chartre est, disent-ils, une confirmation d'une fondation antérieure faite par Thibault, ce sont des Lettres d'Amortissement: ce n'est pas la Donation même, elle étoit faite avant 1048, c'est la confirmation d'une Donation précédente.

Ils appuyent cette idée de fragmens de deux Bulles, l'une de Pascal II, de l'année 1107; l'autre d'Innocent II de l'année 1138, ces Bulles, suivant les Extraits collationnés qu'ils produisent, portent ces termes: *Ecclesiam Sancti Aygulphi, cum altari suo, & cæteris appenditiis, quæ juxta Theobaldi Comitis oblationem, & Henrici Francorum Regis concessionem, à Guildino Senonensi Archiepiscopo, vestro Monasterio confirmata est.*

A cette autorité, ils joignent celle de l'Auteur de l'Histoire des Conciles: de l'ancien Manuscrit de la Bibliotheque de Saint Remy de Rheims, & de Messieurs de Sainte Marthe, *in Galliâ Christianâ*, qui donnent à la Chartre de 1048, le nom de Confirmation d'une Donation antérieurement faite.

Mais, les Demandeurs ont opposé à ces autorités, des réponses sans réplique.

1°. Les Bulles de 1107, & 1138, ainsi que toutes les autres, produites par les Religieux, ne méritent ni foi, ni égard, tant qu'elles ne paroîtront que par Extraits collationnés.

2°. En supposant qu'elles designent une Donation, & une fondation antérieure à 1048, ce que les Demandeurs n'accordent pas, & ce qu'ils prouveroient ne pouvoit s'induire des termes bien entendus, s'il étoit question de le prouver; ces Bulles supposent, de la part des Religieux, un Exposé pour les obtenir: mais un Exposé tel qu'ils ont jugé à propos de le faire, pour leur intérêt, sans Contradicteurs, sans qu'il paroisse que les Papes qui s'expriment ainsi, ayent eu la Chartre de 1048, sous les yeux, non plus qu'aucun des Auteurs cités par les Religieux.

Et comme on sçait combien les Auteurs qui suivent, sont aisément les échos de ceux qui précédent, comment le premier qui aura travaillé sur les Memoires des Moines, sera souvent copié par ceux qui écrivent ensuite sur le même sujet: il y a

un

un principé, qui eſt un préſervatif ſûr, contre les citations & les autorités, en pareil cas: C'eſt que, *non creditur Referenti, niſi conſtet de relato.* C'eſt que l'on juge, non pas du titre, par ce qu'ont dit les Auteurs, qui en ont parlé, mais, de ce qu'ont dit les Auteurs, par ce que le titre porte; lorſqu'il eſt ſous les yeux, & qu'il s'explique, c'eſt lui ſeul & non les Auteurs qu'il faut conſulter.

Auſſi, le Pere Mabillon qui l'avoit ſous les yeux, n'a-t-il point parlé de fondation antérieure, ni d'une ſimple confirmation faite en 1048. Il a au contraire marqué très-préciſément, l'errreur ou le défaut d'exactitude de l'Auteur de l'ancien Manuſcrit de la Bibliothéque de Saint Remy de Rheims: C'eſt à la page 667, de l'*Acta Sanctorum*, qu'il dit: *In vetuſto Apographo Sancti Remigii, apud Rhemos, hæc leguntur.* Il rapporte enſuite les termes du Manuſcrit, qui ſont: *Anno 1048, apud Senonas celebratum eſt Concilium, in quo fuit confirmata Fondatio Sancti Aygulphi Pruvinentis, per Theobaldum Campaniæ Comitem facta:* Après quoi il ajoute: *Huc ſpectat Henrici Francorum Regis Diploma . . . . . quo Rex annuit Theobaldo Comiti, ut in Eccleſia Sancti Aygulphi . . . . . liceat Monachos . . . . primitivè ponere. Actum anno 1048.*

On ne peut douter que le Pere Mabillon n'eût le titre ſous les yeux, puiſqu'il en rapporte les expreſſions propres, & ce ſçavant Critique, ne ſuit pas l'erreur du Manuſcrit, & des Auteurs cités par les Religieux: il ne dit pas, comme eux, que la Chartre contient une Donation d'une Fondation antérieure; il dit ſeulement, pour rendre le vrai ſens de la Chartre: *Rex annuit,* le Roy conſent, . . . *ut ſibi liceat Monachos in Eccleſia Sancti Aygulphi primitivè ponere:* Le Roy conſent à la demande du Comte Thibault, & cette demande eſt, qu'il lui ſoit permis de mettre, *pour la premiere fois,* des Moines à Saint Ayoul.

Le Pere Mabillon exprime le conſentement du Roi, & la ſupplique du Comte, par le temps préſent: *liceat, annuit,* pour marquer qu'il n'y a rien de fait, rien de paſſé, & que le tout s'exécute dans le même temps, & ſe conſomme par le même Acte.

Eſt-ce donc une fondation, eſt-ce une Donation qui ſe conſomment? Perſonne ne l'induira des termes de la Chartre, ni des expreſſions du Pere Mabillion, qui y ſont conformes; & c'eſt parce que les Religieux en ſont bien convaincus, & qu'ils ne voyent eux-mêmes, ni Donation, ni fondation marquées dans ce Titre, qu'ils diſent ouvertement, * que le Titre ſuppoſe de néceſſité, une Donation précédente: ce qui eſt un aveu formel, qu'il ne la contient pas.

* Folio 32. verſo du Mémoire Signifié le 11. Fevrier 1734.

Mais, comment prouvent-ils cette Donation, cette fondation précédente, Donation, & fondation d'un Monaſtere déja fondé, & occupé avant eux par des Moines négligens, qui en ont été chaſſés honteuſement? Car ils ont beſoin de toutes ces idées, & ils les hazardent toutes; mais rien ne les ſoutient ces idées, rien n'y conduit, ſoit dans le ſens, ſoit dans les termes de la Chartre, c'eſt pour cela qu'ils prennent le parti, de créer tout à la fois les termes, & le ſens; là de ſupprimer un mot embaraſſant, ici d'en ajouter un util: c'eſt *primitive* qui ne ſignifie rien dans leur traduction: c'eſt *altare* qui ſignifie, *l'Autel & ce qui en dépend,* ailleurs ils violent les premieres regles de la Grammaire, qu'on ne les ſoupçonnera pas d'ignorer: telle eſt la traduction de cet endroit de la Chartre:* *jam vero comitis petitionibus benigne annuimus;* le Roi déclare qu'il a déja eu pour agréables les demandes du Comte; & *Donationes ejus, & Archiepiſcopales traditiones libere fieri concedimus,* & qu'il lui permet, ainſi qu'à l'Archevêque de Sens, de faire des liberalités aux Religieux de Moutier-la-Celle.

* Folio 32. verſo Mémoire Signifié le 11. Février 1734.

Mais, qu'ils ſont dangereux, & captieux les Religieux de Saint Ayoul! Ce n'eſt pas lorſqu'ils ſont en face du titre, & qu'ils le traduiſent en entier, qu'ils oſent mettre *annuimus* au preterit, & *concedimus* au preſent; c'eſt lorſqu'ils croyent le titre perdu de vûë, c'eſt au fo. 32 vo. de leur Mémoire ſignifié. Et c'eſt parce qu'ils veulent prouver en cet endroit de leur Mémoire, qu'il y avoit une fondation, & une Donation anterieure à 1048. le texte de la Chartre y réſiſte: *annuimus* au preſent marque une ſupplique préſente, & un conſentement actuel: pour écarter cette idée, ils traduiſent le préſent par un preterit, c'eſt dommage que le Verbe *concedimus,* qui eſt au préſent, & la particule *&,* qui le lie au Verbe *annuimus,* décellent le ſoleſciſme, & prouvent que l'un, & l'autre Verbe ſont au même temps qui eſt le préſent, & que *jam* ne ſignifie pas en cet endroit *déja;* mais, *maintenant.*

Tout ce qui précede, & tout ce qui ſuit dans la Chartre le prouve auſſi. 1o. L'intitulé *de monachis apud sanctum Aygulphum instituendis*. Les Religieux à la verité le suppriment, comme étant de l'invention de Camusat, mais on a déja répondu à cette Objection : Camusat ne passera pour Inventeur, que de ce qu'ils prouveront n'être pas dans l'original qu'il faut commencer par représenter ; s'ils disoient vrai, cette addition de Camusat n'eût point échappé à l'exactitude scrupuleuse du Pere Mabillon qui fait mention expresse de l'intitulé, & dit : *à Camusato relatum in promptuario*.

2°. La supplique du Comte Thibault, & les conditions expresses ausquelles le Roi l'accorde, contenuës dans la clause, *cæterum regiâ censurâ decernimus*, qui sont au présent, de même que tout ce qui suit, ne permettent pas de supposer un seul & unique preterit, par la raison que le sistême des Religieux en auroit besoin.

Quidam summa nobilitatis comes Theobaldus nomine utra &c. *Le Comte demande au Roi la permission de mettre pour la premiere fois des Moines dans l'Eglise de Saint Ayoul, qu'il tenoit en Fief de lui ; ces Moines seront destinez à une perpétuelle administration du service divin négligé dans cette Eglise, & le Comte se chargera d'obtenir de l'Archevêque de Sens, non pas ce qui lui appartient dans cette Eglise, la Chartre ne s'exprime point ainsi : elle porte tout ce qu'il y possede, *videlicet altare*, ce qui se réduit *à l'Autel* ; & le Comte l'assurera aux Religieux à perpétuité, *simili ad stipulatione*, sous la même condition, qui est de desservir à perpetuité. Voilà exactement tout ce qui est contenu dans la supplique du Comte, qui finit au mot *ceterum Regiâ &c.*

Cæterum regiâ censurâ decernimus, & quod præsens habet &c. *Là, commencent les conditions expresses imposées par le Roi ; c'est avant de répondre la supplique, & indépendamment de la supplique, qu'il veut que l'Eglise conserve à perpétuité son patrimoine, & qu'elle ait toujours ce qu'elle a maintenant, & ce qui lui sera donné dans la suite par les fideles. Il vient ensuite à ce qui fait l'objet de la supplique, aux Moines, *qui nunc ponuntur nunc* s'accorde assez bien *avec primitive* qui est dans la supplique, il marque assez, que c'est en ce moment même qu'il s'agit de leur établissement, & non point de la confirmation d'un établissement, d'une fondation déja faite.

Monachi qui nunc ponuntur, & qui de memorato loco per successione ibi transfundentur ibi serviant. Le Roy ne dit pas, *que les Moines que l'on y fonde en les transferant du lieu susdit, pour succeder à ceux qui y étoient avant eux* ; ce sont les Religieux d'aujourd'hui qui disent tout cela. Le Roy dit simplement, que les moyens que l'on y met à présent, & ceux qui par la suite seront tirés du lieu susdit, y desservent, *ibi servitant, rerum loci administratione necessaria impleant* qu'ils y desservent, qu'ils remplissent les fonctions nécessaires à l'administration ; les Moines ajoutent *semper* au mot *serviant*. Ils le trouvent dans leur original qu'ils ne montrent point : c'étoit sans doute l'intention du Comte Thibault marquée dans la supplique *perpetualiter, & continue* ; mais ce n'est pas la volonté du Roi exprimée dans sa réponse, & la preuve c'est qu'il prevoit *que d'autres pourroient séduire le Comte, ou ses successeurs, le corrompre par l'argent, ou par la flatterie, & dépoüiller ceux qui desserviront, des revenus qui doivent être la récompense de la desserte, *ne alii seminent alii colligant*, & il le défend *modis omnibus* ; s'il y avoit une fondation antérieure, ou actuelle, s'il étoit question des biens d'un ancien Monastere détruit, tous ces inconveniens ne seroient point à craindre, c'est de la part du premier venu que le Roi, les prevoit, & les défend, *ne qui libet suppositi veniant*, il faut tout le rafinement de la dialecte des Religieux, pour traduire *qui libet suppositi*, par *les Moines prédecesseurs*.

modis omnibus tamen inhibemus ne quilibet &c. C'est après avoir disertement exprimé toutes les conditions, ausquelles le Roy consent à l'établissement des Moines, qu'il ajoute : *jam verò*. Maintenant, Nous consentons aux demandes du Comte, & lui permettons de donner ; & à l'Archevêque de Sens, non pas de donner, mais de confier, de remettre, car la différence est bien marquée, *donationes ejus, & Archiepiscopales traditiones*. Que donnera le Comte Thibault ? Les Dixmes inféodées d'une Paroisse qu'il tenoit en Fief du Roy, voilà ce qu'il peut donner ; mais l'Archevêque qui possedoit l'Autel, ne peut que le confier ; il n'a rien à donner, c'est une simple tradition qu'il doit faire de ce qu'il possede. Rien ne prouve mieux que les Moines n'ont jamais eu la proprieté de tout ce qui composoit cette Eglise ; ce n'est point au hazard que des distinctions aussi précises se trouvent marquées dans un titre aussi ancien, revêtu de l'autorité qui l'a consacré ; toutes ont leur objet, & doivent avoir leur effet, & la subtilité des Religieux ne parviendra pas à les éluder.

Il est donc bien démontré qu'il n'y a point de donation, point de fondation antérieure à 1048, qu'il y a eu seulement une vocation, un établissement actuel de Moines de Moutier-la-Celle à Saint Ayoul pour desservir, *ibi serviant* : c'est la condition sous laquelle le Roy accorde la demande du Comte : c'étoit aussi la destination marquée dans sa supplique, *ad Dei servitutum administrandum* : toute la différence de la supplique à la réponse, c'est que le Comte demandoit que cette administration fut perpetuelle, *perpetualiter, & continué*, & que le Roy ne le prononce pas; il dit simplement, *ibi serviant*. Ce sont les Religieux d'aujourd'hui qui le suppléent, en y ajoutant *semper*.

Lorsqu'à ces termes *serviant, Dei servitium ministrent, rerum loci administratione necessaria impleant*, qui désignent suffisamment des fonctions & un devoir Curial, on joint encore ces termes : *Ecclesia & altare*, qui réünis, ne peuvent signifier autre chose qu'une Eglise Paroissiale, non pas seulement suivant l'avis unanime des Auteurs, mais selon les notions les plus generales, & les plus ordinaires; lorsque l'on ne divise point ces expressions, & ces termes qui ne doivent pas l'être, & qui sont l'ame de la Chartre, on est étonné de l'assurance avec laquelle les Religieux soutiennent des rêveries & des chimeres.

On est effrayé de les entendre débiter de sang froid, *qu'ils ont succedé à d'autres Religieux négligens, qui ont été chassés honteusement par le Comte Thibault ; que le Roy Henry a craint que ce Comte ne fut seduit par les cris redoublez de ces Moines chassez, qui prétendroient rentrer dans leur Monastere.*

Mais quoi! la Chartre n'employe pas une seule fois, le mot de Monastere ; c'est par tout, *Ecclesia, & altare*: le mot de Moines ne s'y trouve employé que trois fois, une premiere dans l'intitulé, & deux autres fois dans le corps de l'Acte, toujours à l'occasion des Moines tirés de Moutier-la-Celle, & nullement à l'occasion des Moines prédecesseurs, dont il n'est pas parlé.

L'intitulé porte : *de Monachis apud Sanctum Aygulphum instituendis*. Il est donc une preuve écrite qu'il s'agit d'un établissement à faire, & non pas fait, puisqu'il ne porte pas, *de Monachis substituendis*.

Cet intitulé n'est pas dans l'original, disent les Religieux: moyen cent fois refuté, qu'ils le produisent cet original, ou qu'ils demeurent convaincus.

Le corps de la Chartre prouve que l'intitulé existe, puisque la supplique du Comte Thibault est : *ut in quandam Ecclesiam..... liceret Monachos primitivè ponere* ; que les Religieux cherchent donc un sens au mot *primitive* ; qu'ils l'accordent avec leur idée chimerique de fondation, de donation antérieure, de Moines fondés avant eux en cette Eglise, & chassez honteusement, par leur négligence.

S'il y eut eu des Religieux d'un autre Ordre, ou du même Ordre, 1°. Qu'auroient-ils possedé, puisque le Comte Thibault possedoit tout ce qu'on peut entendre par le mot *Ecclesia*, & que l'Archevêque possedoit tous les revenus que le Seigneur Laïque ne pouvoit posseder, *videlicet altare* ; c'est à ces traits consacrés dans nos Livres, *Ecclesia, & altare* divisez entre un Seigneur Laïque & un Evêque, que l'on reconnoît, non pas un Monastere, mais le véritable état d'une Eglise Paroissiale du dixiéme & du onziéme siecle.

2°. S'il eut été question d'anéantir, ou de chasser des Religieux predecesseurs, c'est en cet endroit de la Chartre qu'il en eut été fait mention expresse, & que le Comte Thibault, au lieu de demander la permission de faire une chose fausse & impossible, en demandant de mettre pour la premiere fois des Moines dans une Eglise, où il y en auroit eu déja, il auroit demandé au Roy, conformément à la verité, & à la notorieté du fait, la permission d'en subroger, & d'en substituer d'autres. Or les deux mots *primitive ponere* résistent à cette idée, ils prouvent de necessité ce qu'ils signifient, que jamais il n'y avoit eu de Moines dans cette Eglise, puisque la permission demandée est d'y en mettre pour la premiere fois.

Et comment cela ne seroit-il pas ainsi ; comment ces prédecesseurs supposés auroient-ils été chassez honteusement pour leur négligence?

En 1048 il n'y avoit point au monde de Moines ignorans, ou négligens; on sçait que beaucoup le sont devenus depuis, mais le dixiéme & le onzieme siecles sont le bel âge du Monachisme. Si des Moines avoient été fondés dans cette Eglise avant 1048, ils n'auroient ni perdu ce qu'ils auroient une fois acquis, ni négligé le service divin; c'est sur les seules Eglises Paroissiales que ces conquêtes avoient été faciles dans le Royaume, lors du déclin de la seconde Race de nos Rois, & au commencement de la troisiéme: c'est dans les Paroisses, & de la part des Pasteurs amovibles devenus des mercenaires à gages, que ces usurpations avoient produit la négligence du service divin; Aussi la Chartre qui dit que le service divin étoit négligé dans cette Eglise, ne dit point que ce fut par des Moines.

Fol. 31. & 32.
Mémoire signifié par les Religieux le 11. Février 1734.

Où donc les trouver ces Moines négligens chaffez honteufement ? Où les Benedic-tins les ont-ils découverts ? Ce n'eft dans aucun des termes de la Chartre, ni dans le fens naturel d'aucune de fes Parties ; c'eft dans l'hiftoire qu'ils ont été les chercher, & pour l'accommoder à leur avantage, & à leur ufage, ils l'ont défiguré fans ménagement.

Ils ont trouvé deux tranflations bien diftinctes dans le Pere Mabillon * des Reli-ques de Saint Ayoul, l'une en 996 en préfence de l'Archevêque de Sens, l'autre poftérieure à 1048 en préfence du Comte Etienne, & de la Comteffe fon époufe, cette derniere faite par des Moines. Ils ont faifi ce dernier objet, & pour placer des Moines à Saint Ayoul avant 1048, ils ont fuppofé qu'Etienne préfent à la feconde tran-flation étoit pere de Thibault III, dont il s'agit dans la Chartre de 1048, d'où il fui-vroit que cette feconde tranflation feroit antérieure à ce titre.

Mais, malheureufement, Thibault III. mort en 1090, étoit fils d'Eudes, & non d'Etienne : cet Etienne, préfent à la feconde Tranflation des Reliques de Saint Ayoul, n'étoit pas pere de Thibaut III ; il étoit fon fils, il lui a fuccédé aux Comtés de Champagne & de Brie en 1090, & eft mort en 1101.

Ce renverfement de Généalogie, & ces Anachronifmes affectés, ont été prouvés par les Demandeurs, * d'une façon accablante pour les Religieux, aufquels on a donné pour garants, le Pere Mabillon lui-même, les Annales Benedictines, Guibert, Albert, Aquinti, Fulch, Guillaume de Thyr, en un mot, tous les Hiftoriens di-gnes de foy, qui ont traité ces points d'Hiftoire.

Les Religieux demeurent cette fois fans réplique, puifqu'ils ne citent de con-traire au fentiment bien marqué du Pere Mabillon & des autres, qu'un certain Moy-fan Curé de Provins, & leur Auteur favori, qui dit que ce n'eft pas Thibault III, mais Thibault IV, qui a fondé leur Prieuré en 1048. *In Cappellulà Divo Me-dardo dicata.*

Mais quelle foi mérite un pareil Hiftorien, qui fe trompe fi lourdement, fur le nom du lieu, où il fuppofe la Fondation, puifqu'il appelle la petite Chappelle de S. Medard, ce qui eft appelé l'Eglife de S. Ayoul, dans le Titre mêmede 1048.

On cite encore de la part des Religieux, le fieur Baugier Auteur auffi mo-derne qu'ignoré, qui prétend dans fes Memoires Hiftoriques, que le Thibault qui vivoit en 1048, n'étoit ni Thibault III, ni Thibault IV, mais Thibault I ; auffi les Religieux ne comptant pas beaucoup fur de pareils témoignages, & fentant tout le poids des autorités contraires, n'ont recours à ces deux Auteurs fi peu d'accords en-tr'eux, & avec tous les autres, que pour répandre un air de doute fur le fait, & traiter de vaine déclamation ce qui leur a été dit à cet égard.

Selon eux, les fiécles qui fe font écoulés, depuis la naiffance des Comtes de Cham-pagne & de Brie, n'ont laiffé qu'incertitude, qu'obfcurité fur leur Généalogie ; mais quoi ! l'Antiquité dont les Religieux fe jouent, n'eft donc refpectable & impéné-trable, que lorfque fon voile fert à les couvrir, elle devient obfcure, & fabuleufe, dès que leurs intérêts ont befoin qu'elle le foit.

Ce reproche n'eft point une déclamation. Pour fe convaincre à quel point les Religieux l'ont mérité, il fuffit de jetter les yeux fur les citations entaffées, & multipliées de leur part, pour prouver contre l'évidence même, qu'en 996 il y avoit des Moines dans l'Eglife de Saint Medard.

Les Demandeurs qui ont trouvé dans le Pere Mabillon, * une relation exacte de la découverte du Corps de Saint Ayoul, qui y ont lu ces termes décififs : *Dum Ec-clefiæ Beati Medardi limina tererent . . . . . . factum eft, ut populus accurrens ad Miffa-rum folemnia audienda, Sarcophago per manus Presbyterorum remoto, &c.*

. Les Supplians ont dit : ce concours de peuple, non pas dans une Chappelle, mais dans une Eglife, *ad Miffarum folemnia audienda,* joint au mot *Presbyterorum.* Toutes ces expreffions réunies. annoncent une Paroiffe ; c'eft leur réunion qui exclut formellement l'idée de Monaftere, & de Moines.

Les Religieux prennent le parti de combattre féparément ces différentes ex-preffions, trop fortes quand elles font réunies ; & pour les combattre, ils employent des citations dont ils abufent, pour prouver d'abord que le mot *Ecclefia,* eft un terme générique, qui peut fignifier une Eglife Cathedrale, Collegiale, Paroiffiale, Conventuelle, ils pouffent même le ridicule, jufqu'à dire, * *que, fi l'on fait attention à la magnificence, & à la belle ftructure de leurs Edifices, ceux de leurs Monafteres mé-ritent bien mieux le nom d'Eglife que bien des Paroiffes ;* quelle pitié & quel aveuglement.

Il ne faut point d'autotités, pour prouver qu'*Ecclefia* peut avoir différentes figni-

fications

* Act. Sanct. pag. 166. & 167.

* Fol. 13. & fuivans de leur Requête figni-fiée le 12. Jan-vier 1732.

* Tom. II. Act. Sanct. p. 666 & 667.

* Fol. 69. & 70. dernier Mémoire fi-gnifié par les Religieux, 11. Fevrier 1734.

fications déterminées par l'usage, & le sens dans lequel il est employé: mais que c'est à une Eglise Paroissiale qu'il convient proprement, & point du tout à un Monastere, dont les temples n'ont d'autre nom propre, que celui d'Oratoire, & de Chappelle, & ne peuvent être désignés qu'improprement, par le mot générique d'Eglise.

Selon les Religieux, *Missarum solemnia*, dans le langage des meilleurs Auteurs, signifie Messes basses, & Messes solemnelles indistinctement; on leur accorde volontiers ce point, mais, ce qu'il n'est pas possible de leur passer, c'est l'abus qu'ils font des citations qu'ils employent à le prouver, parcequ'ils en tirent la conséquence, que les Messes solemnelles, avec concours de peuple, se trouvent autorisées dans les Monasteres d'Hommes & de Femmes, indistinctement, & dans tous les tems, ce qui est la plus grande absurdité qu'il soit possible d'annoncer,

Il ne faut ni recourir à Morery, ni consulter le Cardinal Bona, pour sçavoir, que dans les premiers siécles de l'Eglise, toutes les Messes étoient chantées: que le mot pluriel, est employé dans les anciens Ecrivains, parcequ'il y avoit deux Messes, celle des Fideles, & celle des Cathecumenes, & que sous le nom de Messes, les anciens Auteurs ont entendu tout le Service Divin: tout cela est vrai; mais alors, il n'y avoit de Messes que dans les Paroisses, & les Moines y assistoient, comme le reste du peuple, desorte que, lorsqu'ils ont commencé à obtenir la liberté d'avoir un Prêtre, & une Messe privée, lorsqu'au sixiéme siécle, l'usage des Messes privées a commencé; *Missarum solemnia*, n'a signifié pour eux, que ces Messes privées, & point dutout les Messes solemnelles, avec concours de peuple, comme ils voudroient l'induire, des citations dont ils abusent.

Leur interprétation du mot *Presbyteri*, est aussi insoutenable; personne ne doute, qu'à prendre ce terme dans le sens générique, il peut être appliqué à tous ceux qui ont reçu l'ordre de Prêtrise indistinctement; mais en est-il moins vrai, que c'est proprement à ceux qui sont attachés au Ministere Ecclesiastique, que ce Titre appartient? que c'est à eux seuls que les Conciles, & les meilleurs Auteurs l'ont attribué; & en effet, où les Religieux vont-ils prendre que les Prêtres chargés du soin des ames, n'étoient point appellés *Presbyteri*, mais *Capellani?* c'est dans le chap. 10 *de Capellis Monachorum*, où ils trouvent, *Capellanus qui populum regat, ab Episcopo per Concilium Monachorum instituatur.*

Rien marque-t-il mieux le dessein formé de tromper, & de séduire, qu'une pareille citation? Toutes les autres ne sont pas plus justes, & mieux appliquées; depuis le *folio* 57, jusqu'au *folio* 83, des dernieres Ecritures des Religieux, signifiées sous le titre de Mémoire, on ne voit que fragments d'autorités déplacés, ou détournés de leur véritable sens: Pourquoi? Pour prouver, contre leur propre conscience, & contre une vérité, qui n'a pas même besoin de preuve, que dans le langage des Conciles, & des Auteurs, *Præsbyteri*, ne veut pas dire, Prêtres, chargés du soin des ames: *Populus accurens ad Missarum solemnia audienda in Ecclesiâ*, ne marque pas le concours du Peuple aux Messes solemnelles d'une Paroisse.

Les Religieux vont plus loin; ils trouvent qu'*Ecclesia*, pouvant signifier une Eglise Cathédrale, *Præsbyter*, un Evêque; les Demandeurs pourroient aussi-bien soutenir, que *la Découverte des Reliques de Saint Ayoul, a été faite dans Saint Médard, Eglise Cathédrale, en présence de plusieurs Evêques.* *

Que conclure de cette plaisanterie? sinon, qu'elle est indécente, autant que fade, & que, s'il n'y a pas, dans ces termes du Pere Mabillon, *dum Ecclesiæ beati Medardi limina tererent, Populus accurrens ad Missarum solemnia audienda . . . . per manus Præsbyterorum.* S'il n'y a pas des preuves invincibles d'une Paroisse existante, il n'y en a, sans doute, aucunes d'un Monastere, ni de Moines; que dumoins les Demandeurs, pour accréditer leur présomption, n'ont point été obligés de donner un démenti à la Chronologie des Comtes de Champagne & Brie, comme les Religieux l'ont fait, pour aider la présomption de leurs Moines Prédécesseurs.

S'il pouvoit donc y avoir du doute entre les deux interprétations opposées, des termes dont s'est servi le Pere Mabillon, en rapportant la découverte, & les deux differentes Translations des Reliques de Saint Ayoul, il faudroit éclaircir le doute, par la Chartre, ou plûtôt ne consulter qu'elle.

En se bornant à cette piece, il faudroit rejetter, comme très-faux, le témoignage de Moysan, Auteur cheri des Bénédictins; ce Moysan, natif de Provins, & Curé de Saint Pierre de la même Ville, étoit, disent-ils, plus instruit qu'aucun autre His-

E

to ien, de l'ancienne Tradition, qui s'étoit tranfmife jufqu'à lui.

Mais fi les Religieux ont été le canal, par lequel cette Tradition eft parvenuë jufqu'à Moyfan, combien eft-elle fufpecte? Et comment en douter, lorfqu'on trouve dans cet Auteur, qu'en 1048, Thibault IV, & c'eft Thibault III, felon le Pere Mabillon, & tous les autres, Thibault IV a fondé des Moines, tirés de Moutier-la-Celle, *In Capellulâ quàdam divo Medardo dicatâ*; mais puifque, fuivant le titre de 1048, c'eft *in Ecclefiâ Sancti Aygulphi*, ce n'eft pas *in Capellulâ divo Medardo dicata*, & par conféquent, voilà un Hiftorien faux, ou ignorant, connu des Moines feuls, qui ne mérite plus de foi dans tout ce qu'il ajoute, puifqu'il fe trompe fi lourdement, en moins de quatre lignes, fur deux faits certains, prouvés d'ailleurs.

Selon le même Moyfan, l'endroit où étoit bâtie cette Chapelle, *locus erat nemorofus, ideò periculofiffimus, arboribus caftaneis concitus*. C'eft après avoir copié ces traits, dans un Auteur de cette efpece, & qui les débite feul, que les Religieux ne ceffent plus de dire, à chaque page, qu'en 1048 la petite Chapelle de S. Médard, étoit bâtie dans une forêt de Chataigniers très-dangereufe: ils le difent en François, ils le repetent en Latin, & l'annoncent par-tout, comme le fentiment unanime des Auteurs; mais, malheureufement, eux, & Moyfan exceptés, aucun Auteur n'a tenu le même langage.

En revenant donc au titre de 1048 feul, ce qu'il ne faut point féparer pour l'entendre, ce font les mots *Ecclefia & Altare*, qui ne defigneront jamais un Monaftere, quoiqu'en puiffent dire les Religieux; ce font ces mots qu'il faut joindre à ceux qui précédent, & qui fuivent, *Primitivè ponere* . . . . . . *ad Dei fervitium adminiftrandum deftinare* . . . . . *ibi ferviant, adminiftratione neceffariâ impleant*: Tous ne marquent autre chofe qu'une adminiftration, & une defferte confiée à des Moines, defferte demandée à perpetuité par le Comte, pour les Moynes, mais accordée par le Roy, fans aucune expreffion de perpetuité, comme on l'a déja obfervé.

En un mot, la feule lecture de la Chartre, répand fur ces vérités une lumiere qui difpenfe de s'appefantir fur des preuves qui dégéneroient en des volumes, & les Demandeurs reconnoiffent dans leurs Adverfaires, le droit acquis de les compiler feuls.

Il ne refte plus qu'à parcourir, en peu de mots, quelques titres produits par les Religieux, & dont ils voudroient tirer des inductions favorables à leur fyftême fur la Chartre de 1048.

Tel eft cet argument tiré de différentes Bulles. Les premieres, difent-ils, qui font des Bulles de confirmation, accordées en 1107, & 1138, à l'Abbaye de Moutier-la-Celle, ne font aucune mention de Cure, ni de Paroiffe. La Bulle d'Anaftafe IV, en 1153, eft la premiere qui en ait parlé; elle eft la véritable époque de l'érection d'une Cure dans cette Eglife, elle eft le titre d'érection * . . . . Les titres antérieurs à 1153, n'en faifant aucune mention, c'eft une preuve indubitable qu'il n'y en avoit point auparavant.

*Fol. 58. Mémoire des Religieux fignifié le 11. Févr. 1734.

Les Demandeurs tranchent, en un mot, fur cette preuve indubitable.

Toutes ces Bulles, dont les Religieux parlent avec emphafe, & certitude, font bonnes à rejetter du Procès, tant qu'elles n'y paroîtront que par Extraits collationnés. Ce font les Originaux qu'il faut voir, & examiner, pour fçavoir fi réellement, ce font des titres qui méritent quelque foy.

Des Extraits collationnés de ces Bulles, 500 ans après leurs dattes, collationnés par des Notaires Royaux, peut-être dévoüés à l'Abbaye, & à coup fûr très ignorans de tout ce qui pourroit en décéler les vices, ne méritent pas la foumiffion aveugle que demandent les Religieux; c'eft à des yeux plus critiques, plus clairvoyans, que ceux de leurs Notaires, qu'il faut commencer par foumettre les Originaux.

Ce ne font pas les Curez & Marguilliers de S. Ayoul feuls, qui n'ont pas toute la foy & le refpect, que les Religieux éxigent pour des Bulles qui fortent de leurs Archives, après y avoir été enfevelies pendant des fiecles: ce font tous les vrais Chrétiens, les vrais François, qui fçavent combien font refpectables les Décrets émanés de l'autorité du Chef de l'Eglife, lorfqu'ils font revêtus des caracteres de publicité & d'authenticité qui méritent feuls qu'on y ajoute foy; parce que perfonne, n'ignore combien la cupidité, l'artifice, la fourberie obtiennent facilement fur un faux expofé, ces mêmes titres, fi refpectés parmi nous, lorfqu'ils font accompagnés des caracteres qui en garantiffent la verité.

Le dégoût géneral des Demandeurs pour tous Extraits collationnés produits par leurs Adverfaires, eft donc très légitime ; lorfque les Religieux l'auront fait ceffer par la repréfentation des originaux, on leur prouvera alors que toutes ces Bulles fimplement confirmatives, fuppofent toujours l'expofé qu'il a fallu faire, pour les obtenir ; véritable & conforme au titre primitif, qu'elles n'y changent, & n'y ajoutent rien ; & que très inutilement elles portent, *in Ecclefiâ veftrâ.* S'il paroît par le titre de 1048 que l'Eglife n'a point été donnée aux Religieux ; qu'ils y ont été appellez pour la deffervir, que c'eft à l'Eglife, & non à eux, que le Roy affure la propriété perpetuelle de ce que cette Eglife poffede, & de ce qui lui fera donné dans la fuite, par la claufe, *cæterum Regiâ cenfurâ decernimus &c.*

On leur prouvera que la Bulle d'Anaftafe IV. fuppofée vraye, & exiftante (ce qui ne peut jamais être, qu'après la répréfentation de l'original,) on leur prouvera, que cette Bulle n'eft point du tout l'erection d'une Cure dans leur Eglife, mais la conceffion du Patronage : & conceffion fondée fur un faux expofé, fur la fuppofition qu'ils avoient eu originairement le foin des ames, & qu'étant obligez par les Conciles d'abandonner la defferte de la Cure, il étoit jufte qu'ils confervaffent la préfentation.

En effet, cette Bulle de 1153. eft du milieu du douziéme fiecle : temps auquel les Religieux étoient preffez d'abandonner les deffertes, & de rentrer dans leurs Cloîtres. Les Conciles de Calcedoine en 1967[*], de Clermont en 1095[**] l'avoient déja ordonné expreffément ; cette Bulle ne contient autre chofe que ce qui fe trouve dans le Concile de Latran de l'année 1179.[***] *in Ecclefiis vero fuis. ... inftituendos Presbyteros Epifcopis reprefentent, ut eis de plebis curâ refpondeant, ipfis vero pro rebus temparalibus rationem exhibeant competentem.*

[*] *Can.* 11.16a. q. 2a.
[**] *Can.* 7. *Concil. Tom.* X. *pag.* 107.
[***] *Cap.* 3. *parag. in Ecclef.* xe. *de Privilegiis.*

Perfonne ne regardera fans doute ce Canon, comme une erection generale de Cures, dans tous les Monafteres ; on fçait au contraire qu'il fuppofe une Cure érigée, & deffervie jufqu'alors par les Religieux, & qu'en ce cas il leur en donne la prefentation ; ce qui dans la fuite a produit la prétention, & les droits de Curez primitifs. Si donc l'on confronte les termes du Concile, avec ceux de l'extrait de la Bulle de 1153. On trouve qu'ils font les mêmes, & ne peuvent fignifier qu'une feule & même chofe : *Sane in Ecclefiâ veftrâ Presbyter per vos eligatur & Archiepifcopo prefentetur, cui, fi idoneus fuerit, curam animarum committet, ut de plebis curâ ei refpondeat ; vobis autem pro rebus temporalibus, debitam fubjectionem impendat.*

Comment ces termes contiendroient-ils l'érection d'une Cure, dont la préexiftence eft fi bien marquée par les termes même, qui précédent dans cette Bulle de 1153. *Ecclefiam Beati Aygulphi oblationes & decimas ejufdem Ecclefiæ.* D'ailleurs on trouve vifé dans un Arrêt du 13 Janvier 1694 produit par les Demandeurs,[*] l'extrait d'un *Vidimus* du Cartulaire de Moutier-la-Celle de l'an 1126, par lequel il paroît, que *l'Abbé a le droit de préfenter à la Cure de Saint Ayoul & de Sainte Croix* ; quoi de plus contradictoire que ce ces deux Pieces ? dont l'une prouve, felon les Religieux, l'érection de la Cure en 1153, & l'autre, le droit de préfenter à cette même Cure en 1126. La vérité qui fort de ces dattes, n'a pas befoin d'être développée. Cette préexiftence d'une Cure, eft encore marquée dans les Bulles de 1107 & 1138, par les termes fuivans : *Ecclefiam cum Altari fuo, & appendjtiis. In Senonicâ Parævtiâ Ecclefiam.*

[*] Cotte A. Production principale des Demandeurs.

A qui les Religieux perfuaderont-ils, que le mot *Parævtia,* fignifiant un Diocefe, lorfqu'il eft joint au mot *Ecclefia,* lorfqu'ils fe trouvent en oppofition, & cela dans des Titres du commencement du onziéme fiecle, à qui perfuaderont-ils que ce mot, *Ecclefia,* ne défigne pas une Paroiffe, mais un Monaftere ? C'eft donc ici le feul droit de préfentation à la Cure érigée, que la Bulle de 1153 pourroit défigner.

Mais, 1º. le droit fe trouveroit accordé aux Religieux de Saint Ayoul feuls, aufquels la Bulle eft adreffée, & ils n'en ont jamais joui. L'Abbaye de la Celle a toûjours préfenté à la Cure. Dès l'année 1126, elle avoit ce droit. Vainement, difent-ils, que c'eft par conceffion, & en conféquence de partages qu'ils ont fait, ils ne juftifient d'aucuns ; deforte que cette fingularité redouble les foupçons, toutes les autres Bulles produites, étant adreffées aux Abbés de Montier, & celle de 1153 fe trouvant l'unique adreffée aux Religieux de Saint Ayoul.

2º. Elle ne feroit obtenue que fur le faux expofé, qu'originairement ils auroient été chargés du foin des ames, car c'eft à ce feul Titre, que la préfentation pouvoit leur être accordée.

Inutile de dire que, c'eft parcequ'ils ont confenti à l'érection d'une Cure dans leur Eglife en 1153, que la Bulle leur accorde tous les droits, dont ils ont joui depuis, parce que, s'il étoit possible de prendre cette Bulle pour une permission d'ériger une Cure, la permission d'ériger, n'est pas l'érection : elle n'eut pas été faite en vertu de la seule Bulle de 1153, sans le concours des autorités, & des contradicteurs légitimes, qui n'auroient pas consenti à l'asservissement & à la ruine d'une Paroisse, qu'ils auroient érigée.*

Les Religieux ont beau se récrier, que tous ces droits sont autant de conditions de la concession, & de la tolerance d'une Paroisse dans leur Eglise ; avec qui sont-elles rédigées ces conditions ? Où sont-elles écrites ? Ce n'est assurément, ni dans la Bulle, ni dans aucun autre acte authentique.

Non seulement donc il a fallu de leur part, supposer une desserte précédente, pour obtenir la présentation à la Cure, qu'ils voudroient aujourd'hui travestir en érection : mais il a fallu encore continuer par eux-mêmes la desserte, pour obtenir cette foule d'Actes passés dans leur Chapitre, ces sermens prêtés par des Curés séduits, ou vendus.

Ils font d'inutiles efforts, pour soutenir qu'aucuns de ces Curés n'ont été Moines ; s'il étoit possible de consulter leurs fastes, on en trouveroit sans doute des preuves bien claires, la fabrique toujours environnée de ceux qui étoient le plus interessés à la dépoüiller de toutes preuves, n'en a conservées aucunes, mais les Titres produits par les Religieux en fournissent d'invincibles.

Leur Enquête de 1551, qui est un Titre à rejetter, ainsi que tous ceux qui sont leur propre ouvrage, cette Enquête est bonne du moins à prouver qu'il y avoit alors un Moine Curé, un *Frere Lambert Girard*, puisque c'est contre lui qu'elle est faite ; peut-être est-il le dernier Moine Curé, puisque c'est vers cette époque, que les Religieux rapportent la construction du mur, qui sépare le Chœur de la Nef, mais ce Curé n'a point été le seul Moine, il y en a des preuves trop fortes.

La Transaction de 1366. entre les Prieur, Trésorier, Curé de Saint Ayoul, & les Chanoines de Notre-Dame Duval, prouve qu'*Helias Curatus* étoit un Moine : parce qu'il n'y a qu'un Moine, qui traitant de droits purement Curiaux, & associant au Traité, ceux qui dans aucun cas, n'y peuvent avoir aucune part, s'avise de stipuler ainsi : *absque licentiâ mei Curati, seu mei firmari, Vicarii, aut Rectoris.* Sans la permission de moi Curé, ou de moi Fermier, ou Vicaire.

Les Religieux ont renvoyé au Rudiment le Curé, & les Paroissiens de Saint Ayoul, pour apprendre que dans les mots *mei firmarii, mei* étoit le Genitif de *meus*, mais ce sont de leurs équivoques ordinaires, car dans *mei curati*, il faut que *mei* soit le Genitif de *ego* : il faut qu'il signifie moi Curé, ils ne l'entendent pas autrement.

Il est donc démontré, qu'il n'y a point eû d'érection de Cure en 1153 ; que la Bulle d'Anastase IV. ne contient qu'une concession du droit de présentation, & qu'elle est conçuë dans les mêmes termes d'une disposition du Concile le plus prochain, qui est celui de Latran en 1179, dont l'unique objet est le droit de présentation, que cette Bulle, & toutes les autres ont été obtenuës sur un faux exposé, fait au Pape en 1153, tel qu'ils l'ont fait ici, & devant tous les Juges jusqu'en 1726, en disant hautement qu'ils avoient eû les premiers la charge, & le soin des ames ; faux exposé, démenti depuis, & démenti par leur propre aveu, qui forme leur état actuel ; démenti par le Titre Primitif, auquel il faut toujours revenir, auquel le Pape lui-même n'auroit pû déroger.*

Il est démontré d'ailleurs, que toutes ces Bulles ne peuvent pas même servir, à prouver ce qu'elles contiennent, tant que les originaux ne seront pas rapportés. Il est encore démontré que c'est à des Moines Curés, que les Religieux doivent la plûpart des Titres qu'ils se sont ménagez depuis.

A les entendre aujourd'hui, ils n'ont jamais fait les fonctions Curiales dans aucun temps, cependant malgré leurs soins à cacher les Moines Curés, on en voit encore deux bien distinctement, Helie en 1366, & Lambert Girard en 1551.

Si l'on en croit les Religieux, ce fut quelque temps avant cette époque, qu'Odard Hennequin, le premier de leurs Prieurs Commandataires, donna la nef aux Paroissiens : alors fut élevé le mur qui sépare la Nef du Chœur ; alors fut fait un acte, qui contenoit tous les droits des Religieux, toutes les conditions auxquelles ils abandonnoient partie de l'Eglise aux Paroissiens, en un mot ce Titre de la façon dont en parlent les Religieux, prouvoit leur proprieté, & la servitude des Demandeurs ; ce Titre ayant disparu, s'étant perdu, vingt années après fut faite l'Enquête de 1551 contre le *Frere Lambert Girard Curé*, & cette Enquête, disent les Religieux, doit tenir lieu du Titre,

Mais

Mais en bonne foi, si ce Titre, cette Donation d'Odard Hennequin eut existé, n'y en eut-'il pas eû minute, ou bien n'eut-il pas été fait double ? Et dans ce cas les Paroissiens seroient de leur part en état de le representer. Si les Demandeurs alleguoient cette perte, ou celle de tout autre titre, elle seroit croyable : Ils auroient pour eux la foiblesse, l'ignorance, la diversité d'interêts, le changement frequent des Dépositaires, qui met à portée de pratiquer, dans un temps, une surprise, une séduction, qui n'eut pas réussi dans un autre. Il peut donc arriver réellement des pertes de titres dans une Cure, dans une Fabrique; mais de la part des Bénédictins, quelle honte de l'alleguer! quand auroient-ils fait cette perte ? eux pour qui la révolution des siécles ne change rien, à qui le temps donne des titres, au lieu de leur en enlever.

C'est, selon eux, 20 ans après la naissance du titre, qu'il a disparu. Odard Hennequin Donateur, vivoit vers l'an 1530, & c'est en 1551 qu'ils ont travaillé à réparer la perte imaginaire du titre, par un enquête.

C'est contre le Frere Lambert Girard Curé de Saint Ayoul, & Moine en même temps, qu'ils ont fait cette enquête, qu'ils presentent aujourd'hui comme un double de la Donation perduë. Cette enquête est une piece sécrete, dans le temps qu'elle a été faite, sans contradicteurs, sans qu'il y ait de contestation réelle, ni même apparente, sur laquelle elle ait été ordonnée, ni d'enquête contraire faite par les Parties qui avoient interêt de la faire, ni de Jugement intervenu en conséquence ; le tout se passe entr'eux, un Moine Curé, c'est-à-dire, un sujet dépendant, & vendu par état au Corps Monastique, dont il est membre, d'anciens Fermiers & domestiques du Prieuré, sont les témoins que l'on fait entendre. Voilà quelle est cette Piece que les Religieux osent presenter à la Justice, comme representative, comme justificative, de la Donation qu'ils supposent avoir fait, & perduë aussi-tôt.

Mais cette perte supposée, est le plus fort argument qu'ils puissent fournir contr'eux-mêmes; des Religieux de leur Ordre, qui ont perdu un titre utile, sont des Religieux qui ne l'ont jamais possedé; si l'Acte dont il s'agit, a jamais existé, on peut compter qu'il est sain & entier dans le Chartrier; & s'il ne voit pas le jour, il faut qu'il dérange le tissu des autres titres produits, qu'il soit contraire à l'économie du systême present de défenses; d'autres circonstances, d'autres temps le rendront utile, & il sera recouvré.

Le surplus des titres produits par les Religieux, ne mérite ni réponse ni examen ; Procès verbaux sans fin, qui sont leur ouvrage, comme s'ils étoient écrits de leur main, beaux ridicules de droits, dont la joüissance est un vol, s'il est démontré que la proprieté ne peut leur en appartenir, ces Baux faites à Jacot * des herbes du Cimetiere dont l'un commence comme un Acte par devant Notaires, & finit comme un Acte sous seing privé, l'autre n'est pas signé de ceux qui sont dits en tête les soussignez, Actes de prestation de serment par les Curés dans le Chapitre, qui ne sont autre chose que des Actes, & des preuves de l'ambition, & de la Tirannie Monachale, & en même-temps de la foiblesse, ou de la collusion de ceux qui les ont souscrits, qui doivent être présumés Moines, puisqu'on en voit encore un en 1551, & que tous ces Actes sont antérieurs, tous vicieux dans la forme, & manquant par tant d'endroits, que la critique, si l'on s'y livroit, en seroit sans bornes ; Transactions avec quelques Curés accablés par la longueur des Procès soutenus, par les maladies, & le besoin : telle est celle de 1681 avec le sieur Danse, dont les Religieux font tant de bruit; mais cette derniere, & les précédentes n'ont pas plus de force, que les Arrêts de 1654, 1667, & 1678. sur lesquels elles ont été faites; puisque ces Arrêts vicieux dans la forme, & pleins de contrarieté au fond, ne peuvent subsister.

A quoi se réduit donc ce nombre prodigieux de dattes, & de Titres, dont les Religieux ont embarrassé cette affaire, & qui sont si propres à y jetter la confusion ?

Il se réduit à trois époques essentielles, & à trois Titres, dont le premier est le seul décisif.

La premiere époque est celle de 1048. au de-là de laquelle on ne voit point de Moines à Saint Ayoul ; aussi la Chartre d'Henry I. relative à cette époque les y introduit *primitive*, pour la premiere fois. Elle est un Titre clair & précis dans lequel il n'y a rien à ajouter, rien à retrancher : lorsque les Religieux ont entrepris d'y changer, d'y ajouter pour placer des Moines au de-là, & une fondation antérieure, ils sont tombés dans l'erreur, dans la contradiction avec eux-mêmes, avec la Chartre, avec les Autheurs qui en ont parlé, avec l'Histoire, & la Chronologie, comme on l'a suffisamment prouvé.

G

* 31e, & 32. pieces de la production nouvelle des Religieux.

La seconde époque est celle de 1153, à laquelle se refere la Bulle d'Anastase IV. Ce titre ne prouve pas, ainsi que les Demandeurs l'ont fait voir, l'érection d'une Cure à Saint Ayoul, il prouveroit tout au plus la concession du droit de présentation à la Cure; en l'interpretant ainsi on lui donne le sens le plus naturel, & le plus conforme aux dispositions d'un Concile très prochain, & qui s'est expliqué dans les mêmes termes; alors cette Bulle n'a rien de contraire au titre de 1048, elle se concilie parfaitement avec ce titre, & avec toutes ses expressions, & il ne reste d'embarrassant que le faux exposé des Religieux pour l'obtenir.

En effet par le Titre de 1048, des Religieux sont appellés de Moutier-la-Celle; ils sont établis pour la premiere fois à la desserte d'une Cure, & par la Bulle de 1153, ils obtiennent la présentation à cette Cure, que les Conciles leur défendent de continuer de desservir. Pour obtenir, cette présentation, il a fallu exposer qu'originairement, & de tout temps ils avoient pris le soin des ames; & en cela l'Exposé est faux, & contraire au Titre de 1048; mais pour obtenir l'érection, l'Exposé n'eut pas été moins faux, moins contraire au Titre, & la marche eut été encore plus fausse; car il eut fallu dire : dans notre Monastere, où il n'y a jamais eu de Cure, il nous prend envie d'en ériger une; nous nous rendons les Juges des inconveniens & de la nécessité, nous ne les déferons pas à l'authorité légitime de l'ordinaire & du Souverain, il suffira d'une Bulle obtenuë sur notre Exposé : dès-lors la Cure est érigée, nous y présenterons, nous en serons les maîtres, & nous imposerons toutes les servitudes que notre cupidité exigera. On sent toute l'absurdité de ces propositions, qui sont cependant autant de conséquences nécessaires du sistême des Religieux.

Mais cette Bulle de 1153, n'étant réprésentée que par Extrait collationné, elle ne mérite aucune attention, son existence même est douteuse; & lorsqu'elle sera certaine, ce ne sera qu'après qu'elle aura soutenu l'examen auquel sont soumis des Actes de cette espece, présentés au bout de 500 ans par les Religieux, qu'elle prouvera, non pas l'érection de la Cure, mais la concession du droit de présentation à la Cure érigée.

La derniere époque est celle de 1551. C'est environ à ce temps, ou du moins à 20 années près, que les Religieux placent l'Acte de Donation faite par Odard Hennequin, de la Nef, & la construction du mur qui la sépare du Chœur; mais cet Acte est une fable, & l'Enquête que l'on y substituë ne peut le remplacer.

Ainsi des trois époques essentielles, & des trois Titres qui pourroient influer sur la décision, les deux derniers sont absolument à retrancher; puisque l'un n'étant point représenté, n'a jamais existé : l'autre ne paroissant que par Extrait collationné, ne peut être d'aucune considération.

Reste donc la seule époque & le Titre unique de 1048, sur lequel il faut nécessairement, juger aujourd'hui la proprieté des Religieux, & ce Titre ne contient aucunes preuves de la proprieté qu'ils ont imaginée seulement depuis 1726; c'est une vérité que les Demandeurs croyent avoir porté au dernier degré d'évidence.

Pour finir par une réflexion décisive contre cette proprieté, il suffit d'observer la difference actuelle des deux Paroisses de Saint Ayoul, & de Sainte Croix de Provins. Sainte Croix étoit encore en 1237, une Chapelle placée dans l'étenduë de la Paroisse de Saint Ayoul; ce fut en 1237, que cette Chapelle fut érigée en Paroisse, que le Territoire de celle de Saint Ayoul fut divisé, pour former les limites de la Chapelle qui devenoit Eglise, & Paroisse succursalle; ce sont des faits constans avoüés même des Religieux.

Cette Paroisse succursale de Sainte Croix, dont, par cette raison, l'Abbaye de Moutier-la-Celle a la Présentation, ainsi que de celle de Saint Ayoul; Sainte Croix a commencé par être asservie; les Religieux ont long-temps levé sur la Fabrique, sur l'Autel, & le Ministre, les mêmes droits utils, & honorifiques, qu'ils exigent encore aujourd'hui à Saint Ayoul; enfin après les contestations les plus vives, les Religieux ont succombé contre Sainte Croix; ils étoient armés des mêmes titres communs pour les deux Paroisses, puisqu'elles n'en faisoient qu'une avant tout le temps qui a précédé l'année 1237, qui est l'époque de l'érection de Sainte Croix en Paroisse, & de la division du territoire; & que dès 1048, les Religieux établis à Saint Ayoul étoient Proprietaires du tout, ou qu'ils ne le sont de rien.

Ils ont perdu cependant sur Sainte Croix, tous les droits qu'ils reclament aujourd'hui sur Saint Ayoul; ils en sont déchûs, en vertu d'Arrêts solemnels & contradictoires, * qu'ils ont exécutés.

L'état d'affranchissement, & de liberté de l'Eglise Succursalle est certain, il n'est pas contesté. Cependant ces mêmes Religieux, qui n'ont plus rien à prétendre sur Sainte Croix, qui ont perdu ce qu'ils y prétendoient, en vertu des mêmes titres, voudroient conserver sur Saint Ayoul, ce qu'ils n'attenteront plus sur Sainte Croix, ce dont ils sont déchûs ; ne seroit ce pas le comble de la contrarieté, & de l'injustice, & n'y a-t-il pas une impossibilité physique, entre ces deux situations différentes d'un seul, & même territoire ?

Si les Religieux pouvoient dire qu'ils ont perdu, par préscription, tout ce qu'ils prétendoient sur Sainte Croix, de même que sur Saint Ayoul, que c'est pour avoir cessé de posseder à Sainte Croix, qu'ils sont déchus; mais non, les pieces produi-tes * en font foi; ils n'ont cessé d'articuler la possession sur l'une, comme sur l'au-tre de ces Paroisses, ils ont pris sans cesse les moindres démarches contraires à leurs intérêts, pour trouble ; & ne se bornant point à la possession, ils ont produit des Ti-tres, & les mêmes Titres; c'est sur ces Titres qu'ils ont été jugés, & qu'ils ont suc-combés contre Sainte Croix. Rien donc ne prouve mieux que jamais leur proprieté n'a été jugée sur le vû de leurs Titres, par rapport à Saint Ayoul, que jamais ils n'ont été Proprietaires, ni jugés tels, par rapport à cette Eglise, que de voir qu'ils n'ont aucuns droits, aucune proprieté sur Sainte Croix.

* Cott. D. &
Cott. E. Pro-
duction prin-
cipale des De-
mandeurs.

Aussi les Religieux ont-ils toujours gardé un profond silence, sur ce parallele des deux Eglises de Saint Ayoul, & de Sainte Croix: sur la conformité nécessaire de ce qui n'étoit qu'un seul, & même territoire, une seule Paroisse soumise aux mêmes loix, aux mêmes droits avant la division, & sur la différence de l'état actuel, & de l'état à venir, de ces deux Parties du même tout, s'ils venoient à réussir dans leurs préten-tions contre Saint Ayoul

Les Religieux sentent depuis long-temps qu'il n'y a point de réponse à cet argu-ment, & ils ont trop d'esprit pour en risquer aucune, à ce qui en admet aussi peu.

BUREAU POUR LES AFFAIRES ECCLESIASTIQUES.

Messieurs {
L'ABBE' BIGNON
L'ABBE' DE POMPONE
DARGENSON
DE MACHAULT
DE FORTIA
DAGUESSEAU
HERAULT
} *Conseillers d'Etat,*

Monsieur PINEAU DE LUCE' Raporteur,

ROUILLON, Curé de Saint Ayoul.

DUBOIS, Avocat.

De l'Imprimerie de MONTALANT, Quay des Augustins, 1740.

ROUILLON, Curé de Saint Agoult.

DUBOIS, Avocat.

9 782019 948887